ADVANCED READER

¡Lee conmigo! 3

HOLT, RINEHART AND WINSTON

A Harcourt Education Company

Austin • Orlando • Chicago • New York • Toronto • London • San Diego

Author:

Sylvia Madrigal Velasco

Reviewer:

Marcia Tugendhat

Requests for permission to make copies of any part of the work should be mailed to the following address: Permissions Department, Holt, Rinehart and Winston, 10801 N. MoPac Expressway, Building 3, Austin, Texas 78759.

Cover Photo/Illustrations Credits: Front/Back Cover: sky, Digital Image copyright © 2003 PhotoDisc; hot air balloon, © Corbis Images; students, HRW Photo/Sam Dudgeon.

Acknowledgments appear on page 152, which is an extension of the copyright page.

Printed in the United States of America

ISBN 0-03-065617-6

4 5 6 7 018 05 04

To the Student

Upon opening a book, you begin exploring a world that you recreate based on your own experiences and thoughts. When you read, you connect with the text in your own unique way. If you read that a character is transformed into an object, or an object into a creature, you might be thrilled by the magic. Another reader might dismiss such a story as irrelevant to his or her own reality. Yet another reader might seek a rational explanation for the transformation. Here are a few strategies that will enable you to enhance your reading experience:

1. **Think out loud as you read.** As you process a text, express your reactions orally.

2. **Identify key words.** Look for words that seem to contain the main ideas and themes of a text.

3. **Make deductions.** Because the messages in a text aren't always obvious, apply your background knowledge to the text in order to infer its meaning.

4. **Draw to interpret meaning.** Convert symbols in the text into drawings to uncover their deeper significance.

5. **Monitor your comprehension.** As you read, pause every so often to pinpoint a question you might have so that you know to look for its answer when you continue reading.

6. **Share your impressions.** Discuss your reactions to the text and listen to what others have to say.

As you read the variety of stories and ideas in *¡Lee conmigo!,* use these strategies to stimulate your interaction with the text. Reading can be just as engaging and real as watching a movie or surfing the Internet!

 * This stamp identifies reading selections that are on the AP reading list.

Table of Contents

Capítulo 1

Capítulo 2

Capítulo 3

EL MISTERIO Y LA FANTASÍA 24

Capítulo 4

Capítulo 5

Capítulo 6

EL PODER DE LA PALABRA 84

Capítulo 10

Capítulo 11

Capítulo 12

La niñez

Como seres humanos,[1] todos pasamos por esa etapa única[2] e indescriptible que llamamos «la niñez»:[3] la primera etapa de la vida y quizás la que más impresiona al individuo durante toda su vida. La literatura refleja nuestra obsesión con esa edad: en ella encontramos muchos ejemplos de la necesidad de volver a ese estado inocente y maravilloso en el cual la imaginación es reina[4] y la lógica todavía no es dictadora de nuestros pensamientos.[5]

Vas a leer tres fragmentos de obras literarias que tratan de la niñez:

Cuando los leas,[6] piensa si te recuerdan algo de tu niñez.

- -

1 human beings   **2** unique stage   **3** childhood   **4** queen   **5** thoughts   **6** When you read them

Capítulo

1

Antes de leer

El nacimiento (de *Veva*)

Estrategia

Pensando en voz alta[1] El buen lector[2] reacciona a lo que está leyendo, pero generalmente lo hace en su mente,[3] no en voz alta. Muchas veces es valioso expresar estas reacciones verbalmente para comprenderlas mejor. Al examinar sus reacciones al texto, el lector puede identificar problemas de comprensión y resolverlos; preguntarse el significado[4] de las palabras o frases; visualizar lo que lee; y hacer predicciones, comparaciones o comentarios.

Actividad

Mis reacciones. En grupos de tres o cuatro, lean la primera oración de «El nacimiento». Primero reaccionen a la oración en voz alta y después entre todos identifiquen la clase de reacción. Hagan lo mismo con las oraciones que siguen.

«Vine al mundo en Otoño. Nadie me preguntó si quería nacer o prefería quedarme en ese lugar sin nombre, pero que seguramente existe. Es como una esfera, llena de oportunidades, parecida al bombo de la lotería.»

«—Es una niña —dijo el médico—. Una hermosa niña.»

MODELO   «Vine al mundo en Otoño.»

ESTUDIANTE 1   —¿Quién?
                (problema de comprensión)

ESTUDIANTE 2   —¿Es una persona o una cosa?
                (problema de comprensión)

ESTUDIANTE 3   —En el otoño los árboles pierden
                las hojas y hay mucho viento.
                (visualización). Tal vez es el viento.
                (solución al problema)

. . . .

1 Thinking aloud   **2** reader   **3** mind   **4** meaning

El nacimiento[1] (de *Veva*)

Carmen Kurtz (1911–1999) nació Carmen de Rafael Marés en Barcelona, España donde murió a los 87 años. Sus padres nacieron en el extranjero: su padre en Cuba y su madre en Estados Unidos. Vivió en Francia con su esposo Pedro Kurtz de 1935 hasta 1943 y emprendió su carrera literaria con la publicación en 1955 de su novela *Duermen bajo las aguas*. Su obra incluye 55 cuentos y novelas publicadas, la última en 1992, *Pachu, perro guapo*. Entre sus protagonistas más conocidos y que aparecen en múltiples cuentos están Veva y Óscar. Carmen Kurtz fue galardonada con los premios Ciudad de Barcelona, Planeta y Lazarillo. Fue la candidata oficial de España al Premio Internacional Hans Christian Andersen en 1980.

Mientras lees, piensa en las siguientes preguntas:

¿Qué sabes de tu nacimiento?

¿Crees que es posible recordar algo de los momentos después del nacimiento?

A. ¿En qué estación nació el bebé?

B. ¿Cuál es el «lugar sin nombre»?

C. ¿Con qué compara ese lugar? ¿Cuál es la diferencia?

D. ¿Qué acaba de ocurrir?

En el siguiente fragmento de Veva, *la niña Genoveva acaba de nacer y describe sus primeros momentos en el mundo.*

Vine al mundo en Otoño.

Nadie me preguntó si quería nacer o prefería quedarme en ese lugar sin nombre, pero que seguramente existe. Es como una esfera,[2] llena de oportunidades, parecida al bombo[3] de la lotería. De pronto sale tu bola[4] y no sabes si eres el premio gordo,[5] el segundo, el tercero, o la pedrea,[6] con la diferencia de que la lotería termina en cuanto[7] la bola cae en el cesto, mientras la vida empieza justo en ese momento. Una gran aventura, si puedo expresarme como los mayores.[8] Hasta ahora he tenido[9] tanto trabajo que me ha sido[10] imposible poner en orden mis memorias. A los nueve meses que acabo de cumplir,[11] los niños empiezan a ser algo. No quiero perder ni un minuto de mi tiempo y voy a relatar lo vivido.[12]

[…]

Puse todo mi empeño[13] en nacer. Era algo, exclusivamente, entre mi madre y yo, y me sentí en la obligación de ayudarla. Difícil, ¡ya lo creo!, pero si otros lo habían conseguido[14] —me decía yo en aquellos momentos— ¿por qué no había de conseguirlo yo?

[...]

—Es una niña —dijo el médico—. Una hermosa niña. [...]

....

1 birth **2** sphere, globe **3** drum **4** number, ball **5** grand prize **6** minor prizes
7 as soon as **8** grown-ups **9** I have had **10** it has been **11** At nine-months old
12 tell about what I've experienced **13** effort **14** had managed to do it

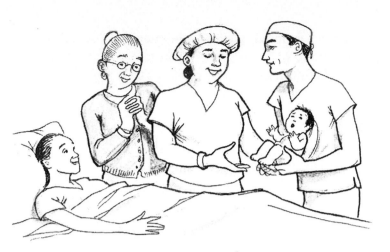

Aquel bárbaro que me había pegado[1] me pasó a otras manos y mientras él se ocupaba de mi madre, me dio por[2] mirar a mi alrededor. Las nuevas manos, las de la enfermera-comadre,[3] me aseaban.[4] ¡Caramba si era curiosa la buena mujer! Incluso me limpió la boca, por dentro, con un dedo gordísimo que por poco me ahoga.[5] A su lado, y muy pendiente[6] de mí, vi una mujer con cara redonda, algo achinada. Sí, hubiérase dicho[7] una vieja china, con gafas y todo. Los cristales de sus gafas aparecían salpicados de lágrimas, pero ella sonreía. Muy poco después supe que era mi abuela materna; mi madre la llamó mamá.

—Mamá, ¿cómo está la niña?

—Bien, hijita, bien.

—¿Es bonita?

—Preciosa.

—¿Tiene de todo?

—No le falta ningún trozo, hijita. No te apures.[8]

Aquella madre de mi madre me cayó bien porque hablaba en voz queda[9] y, a pesar de las salpicaduras de sus gafas, me sonreía. En cuanto pudo liberarme de las manos de la comadre me tomó en sus brazos, me estrechó[10] contra ella y pude escuchar los latidos de su corazón[11] que parecía a punto de estallar. Murmuró algo así como «Vida mía»,[12] cosa que en aquel momento no comprendí del todo, tan aturrullada me sentía.[13]

Luego, la Buela, me puso en brazos de mi madre y la miré. Nos miramos. Hubiera querido pedirle perdón por tanto trajín,[14] pero eso no se hace.

E. ¿Quién es «aquel bárbaro»?

F. ¿Qué hace la enfermera con la niña?

G. ¿Qué quiere saber la mamá?

H. ¿Quién es la comadre?

I. ¿Quién es la «madre de mi madre»? ¿Qué hace con la niña?

1 who had hit me **2** I felt like **3** nurse-midwife **4** were cleaning me up **5** just about choked me **6** watchful **7** it could have been said **8** Don't worry. **9** gentle voice **10** held, hugged **11** beating of her heart **12** my love **13** I felt so dazed **14** commotion

J. ¿Cómo se siente la niña hacia su madre?

K. ¿A quién llama la abuela?

Los mayores esperan que los recién nacidos lloren;[1] pero no que hablen. Eso lo sé como tantas cosas que poco a poco uno olvida. Quise[2] a mi madre en cuanto la vi. Le hubiera echado los brazos al cuello y llenado de besos y caricias,[3] la vi tan pálida... Me limité a estar quieta, sin cansarme de mirarla hasta que la Buela me tomó de nuevo en sus brazos, abrió la puerta de aquella habitación tan blanca y desangelada, y llamó a papá.

—Es una niña, Enrique. Una niña preciosa.

Y como la Buela, sin encomendarse a Dios ni al diablo,[4] me depositó en brazos de mi padre, no tuve más remedio que [5] mirarle.

—¿Una niña? —preguntó como extrañado.

—Sí, una niña. ¡Cuidado! No la apretujes[6].

¡Qué torpe[7] era el hombre! Tuve tanto miedo de que me dejara caer que me puse a llorar, esta vez a gusto. Y mi padre me pasó rápidamente a la Buela, de modo que no tuve tiempo de fijarme demasiado en él; me pareció un hombre bien parecido,[8] aunque algo viejo. Luego supe que los cabellos canos no siempre son signo de vejez, que en la familia de papá blanquean[9] muy pronto y eso da un aire distinguido. Me propuse gustar a papá que tenía muchos quebraderos de cabeza[10] y que, sigo creyéndolo, es muy torpe. [...]

L. ¿Por qué cree la niña que el hombre es viejo?

M. ¿Cómo cree la niña que es su papá?

N. ¿Adónde quiere volver la niña? ¿Adónde la llevan?

Me hubiera gustado[11] volver un ratito a los brazos de mi madre, pero no me dejaron. Se me llevaron[12] a una sala, muy espaciosa, llena de cunas[13] con otros recién nacidos. Me pusieron boca abajo,[14] de modo que todo mi panorama consistía en la superficie lisa y blanca de una sábana. Estúpido. En cuanto me dejaron en paz me di la vuelta. Mis compañeros dormían en aquella absurda posición; boca abajo. Cuando entró la enfermera y me vio boca arriba pegó un grito:

O. ¿Qué hace la niña? ¿Por qué?

P. ¿Cómo reacciona la enfermera? ¿Por qué?

—¡Se ha dado la vuelta! ¡Se ha dado la vuelta![15]

Y la voz se corrió por la clínica como si darse la vuelta fuese algo extraordinario.

1 expect newborns to cry   **2** I loved   **3** kisses and caresses   **4** (stock phrase) with no further ado   **5** I had no choice but   **6** squeeze   **7** clumsy   **8** good-looking   **9** whiten **10** worries, headaches   **11** I would have liked   **12** I was taken   **13** cribs, cradles **14** They laid me face-down   **15** She turned herself over

Poco después vi tres caras pegadas al cristal[1] de la *nursery;* deduje que eran mis hermanos. La mayor, Natacha, me miró sin el menor cariño, como diciéndome:

—No te hagas ilusiones,[2] niña. Siempre seré la mayor, el ojo derecho de papá. Y tú pasarás por el tubo, como han hecho tus hermanos.

Sostuve su mirada y a mi modo le contesté:

—Eso está por ver, mandona.[3]

Y me fijé en Alberto, el de dieciséis. Me miraba entre sorprendido y contento. Más bien contento, sí. Vi que movía los labios para decir algo a Natacha, pero no pude oír su voz; la *nursery* era insonora.[4] Natacha se encogió de hombros[5] y entonces Alberto le dio un codazo. Me miró de nuevo y me sonrió.[6] Yo agité el brazo para decirle «hola», pero en seguida me di cuenta de que aquello no se hacía y me fingí[7] dormida. Sin embargo no cerré del todo los ojos porque mi hermano pequeño, Quique, me contemplaba con una sonrisa[8] de oreja a oreja. ¡Caramba! ¡Qué sonrisa tan buena! Hubiera querido[9] decirle: «Quique, te adoro. Estoy contenta de ser tu hermana», pero lo mejor era hacer lo que se espera[10] de un recién nacido. Cerré los ojos y mi corazón se llenó de alegría. El balance era bueno. Tenía de mi lado a mamá, a la Buela Genoveva, que así se llama la mamá de mi mamá, y a Quique. Papá era buena persona, había de conquistarlo poco a poco. Alberto parecía conciliante[11] y en cuanto a Natacha... Bueno, aquellos ojos tan azules me daban un poco de miedo,[12] pero quizá fuera cuestión de días, de que se hiciera cargo de[13] mi situación. Al fin y al cabo ¿qué culpa tenía yo[14] de haber nacido?

Q. ¿A quiénes ve la niña pegados al cristal de la *nursery?*

R. ¿Con quién tiene una discusión visual la niña? ¿Qué se dicen?

S. ¿Cómo reaccionan los hermanos a la niña?

T. ¿Qué concluye la niña al final? ¿En quiénes puede confiar? ¿y en quién tal vez no?

1 faces glued to the window **2** Don't get your hopes up **3** We shall see about that, bossy. **4** soundproof **5** shrugged **6** smiled **7** pretended **8** smile **9** I would have liked **10** what is expected **11** agreeable **12** made me a little afraid **13** before she took stock of, reconsidered **14** why was I to blame

Capítulo 1 **5**

Después de leer
Actividades

1 El nacimiento de Veva

Escoge la respuesta que mejor complete cada oración.

1. La historia se cuenta[1] desde el punto de vista de _____
   a. la niña que acaba de nacer.
   b. la abuela Genoveva.
   c. la madre.

2. La niña _____
   a. odia a la enfermera.
   b. quiere mucho a su mamá.
   c. no quiere[2] a su abuela.

3. La niña cree que su papá es _____ porque tiene canas.[3]
   a. viejo
   b. inteligente
   c. joven

4. A la niña no le gusta estar boca abajo porque no puede ver más que _____
   a. el suelo.[4]
   b. la sábana.[5]
   c. los otros bebés.

5. La niña ve a _____ a través del cristal de la *nursery*.
   a. su padre
   b. su abuela
   c. sus hermanos

6. La niña interpreta la mirada[6] de su hermana Natacha como _____
   a. amenazadora.[7]
   b. cariñosa.
   c. indiferente.

2 Reacciona en voz alta

En grupos de tres, escojan tres oraciones consecutivas de «El nacimiento». Luego reaccionen a cada oración, trozo por trozo, en voz alta. Entre todos identifiquen la clase de reacción y luego sigan con las otras oraciones.

MODELO	«...Mis compañeros dormían en aquella absurda posición; boca abajo. ...»
ESTUDIANTE 1	—La niña no es como los otros bebés. (comentario)
ESTUDIANTE 2	—A mi hermanito también le gusta dormir boca abajo. (comparación)
ESTUDIANTE 3	—¡Ahora entiendo! La niña está acostada sobre una sábana blanca. (comprensión)

1 story is told   **2** doesn't love   **3** grey/white hairs   **4** floor   **5** sheet   **6** look   **7** threatening

◆3 Cierto o falso

Di si las siguientes oraciones son ciertas o falsas. Si son falsas, corrígelas para que expresen la verdad según[1] el cuento.

1. La niña cree que su nacimiento es una colaboración entre ella y su madre.
2. La niña cree que el médico es bárbaro[2] porque le pegó[3] durante el nacimiento.
3. La niña piensa que su mamá se ve muy bien.
4. La niña tiene miedo porque piensa que el hombre torpe la va a dejar caer.
5. A la niña le gusta estar boca abajo como sus compañeros.
6. Cuando la niña ve las tres caras pegadas al cristal de la *nursery,* no sabe quiénes son.

◆4 Reacciones a los personajes

«El nacimiento» es sólo el primer capítulo de la novela *Veva.* Piensa en cómo son y qué hacen los personajes en el primer capítulo. Luego, trata de predecir y visualizar lo que van a hacer en los siguientes capítulos.

Personaje	¿Cómo es? ¿Qué hace o dice?	¿Qué va a hacer o decir?
Veva		
Buela		
Mamá		
Papá		
Natacha		
Alberto		
Quique		

◆5 Los hermanos de Veva

Crea una conversación entre Natacha, Alberto y Quique mientras miran a su nueva hermana. ¿Qué dicen de ella? ¿Están contentos de tener una hermanita? Asegura[4] que los comentarios sean fieles[5] a los personajes según las descripciones del capítulo.

1 according to   2 barbarian   3 spanked/swatted   4 Make sure   5 are faithful

Capítulo 1   7

Un poco más...

1 Mi nacimiento

¿Qué sabes de tu nacimiento?
Escribe un cuento que describe
los momentos después de tu
nacimiento desde tu punto de
vista[1] como bebé. Si no sabes ni
recuerdas nada, inventa los
detalles que quieras.[2] O si quieres,
puedes entrevistar a tus padres u
otros parientes que estaban en el
hospital el día en que naciste.
Trata de escribir un cuento
original y cómico, imaginando y
describiendo todos los detalles de
tu alrededor y contestando las
siguientes preguntas.

- ¿Dónde nací?
- ¿Quiénes estaban allí? ¿Cómo reaccionaron ellos al verme?
- ¿Cómo me veía? ¿Tenía mucho pelo o estaba calvo(a)?
- ¿Lloré[3] mucho o estuve callado(a)?[4]
- ¿Cómo era el cuarto? ¿Qué detalles me llamaron la atención?
- ¿Cómo era el doctor o la doctora? ¿Cómo eran los enfermeros?
- ¿Qué sentía al ver el mundo por primera vez?
- ¿Qué sentía al ver a mis padres por primera vez?
- ¿Qué conclusiones saqué de mis alrededores?[5]

....

1 point of view   **2** details that you want   **3** Did I cry   **4** was I quiet
5 conclusions did I draw from my surroundings

Capítulo

2 *Antes de leer*

Los juegos de Lilus (de *Lilus Kikus*)

Estrategia

Las deducciones El buen lector hace deducciones mientras lee. El autor no siempre revela su mensaje de una manera directa, por eso es muy importante que el lector evalúe[1] los detalles de un texto, conecte[2] la información del texto con lo que ya sabe, y luego saque conclusiones[3] basándose en su conocimiento previo y la información que le ha proporcionado el autor.[4]

Actividades

¿Qué deduces? Lee las siguientes oraciones del capítulo «Los juegos de Lilus» y escoge la conclusión más lógica para cada una.

1. Lilus nunca juega en su cuarto, ese cuarto que el orden ha echado a perder.[5]
   a. A Lilus no le gusta tener su cuarto organizado y en orden.
   b. Lilus es muy organizada y le gusta tener todo en su lugar.
   c. A Lilus no le gusta jugar afuera.[6]

2. De allí ve pasar a los coches y a las gentes que caminan muy apuradas,[7] con cara de que van a salvar el mundo...
   a. Lilus sueña con tener un coche.
   b. Lilus admira a los adultos que tratan de salvar el mundo.[8]
   c. Los adultos no tienen tiempo para sentarse en la acera y ver pasar al mundo.

3. Lilus cree en las brujas[9] y se cose en los calzones[10] un ramito de hierbas finas, romerito y pastitos; un pelo de Napoleón, de los que venden en la escuela por diez centavos.
   a. Lilus no le tiene miedo a nada.
   b. Lilus es muy supersticiosa.
   c. Lilus es muy escéptica.[11]

4. Desde que fue al rancho de un tío suyo, Lilus encontró sus propios juguetes.
   a. Lilus tiene una imaginación muy activa.
   b. Lilus siempre está aburrida.
   c. A Lilus solamente le gustan los juguetes de las tiendas.

---

1 it's important for the reader to evaluate... **2** to connect... **3** and then to draw conclusions... **4** that the author has provided **5** has ruined **6** outside **7** hurriedly **8** save the world **9** witches **10** sews into her underwear **11** skeptical

Los juegos de Lilus
(de *Lilus Kikus*)

Elena Poniatowska nació en París, Francia en 1933 de madre mexicana y padre francés de origen polaco. Llegó a la Ciudad de México en 1942, durante la segunda guerra mundial.[1] Inició su carrera de periodista en 1954 en el diario mexicano *Excélsior* y desde entonces ha publicado[2] varias novelas, cuentos, crónicas y ensayos. Entre sus obras más conocidas están *Hasta no verte Jesús mío* (1969) y *La noche de Tlatelolco* (1971).

Mientras lees, piensa en las siguientes preguntas:
¿Te acuerdas de algunos de los juegos que inventabas cuando eras niño(a)?
¿Tenías amigos imaginarios?

A. ¿Quién llama a Lilus?

B. ¿Por qué no oye Lilus los gritos de su mamá?

C. ¿Dónde juega Lilus? ¿Dónde no juega? ¿Por qué?

«Lilus Kikus... Lilus Kikus... ¡Lilus Kikus, te estoy hablando!»

Pero Lilus Kikus, sentada en la banqueta[3] de la calle, está demasiado absorta operando a una mosca[4] para oír los gritos[5] de su mamá. Lilus nunca juega en su cuarto, ese cuarto que el orden ha echado a perder.[6] Mejor juega en la esquina de la calle, debajo de un árbol chiquito, plantado a la orilla de la acera.[7] De allí ve pasar a los coches y a las gentes que caminan muy apuradas,[8] con cara de que van a salvar el mundo...

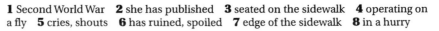

1 Second World War **2** she has published **3** seated on the sidewalk **4** operating on a fly **5** cries, shouts **6** has ruined, spoiled **7** edge of the sidewalk **8** in a hurry

Lilus cree en las brujas[1] y se cose en los calzones[2] un ramito[3] de hierbas finas, romerito[4] y pastitos; un pelo de Napoleón, de los que venden en la escuela por diez centavos. Y su diente, el primero que se le cayó. Todo esto lo mete en una bolsita que le queda sobre el ombligo.[5] Las niñas se preguntarán después en la escuela cuál es la causa de esa protuberancia.[6] En una cajita Lilus guarda también la cinta negra de un muerto, dos pedacitos grises y duros de uñas de pie[7] de su papá, un trébol de tres hojas[8] y el polvo recogido a los pies de un Cristo en la iglesia de Nuestra Señora de la Piedad.

Desde que fue al rancho de un tío suyo, Lilus encontró sus propios juguetes. Allá tenía un nido[9] y se pasaba horas enteras mirándolo fijamente, observando los huevitos y las briznas[10] de que estaba hecho. Seguía paso a paso, con gran interés, todas las ocupaciones del pajarito: «Ahorita duerme... al rato se irá a buscar comida».

Tenía también un ciempiés,[11] guardado en un calcetín, y unas moscas enormes que operaba del apéndice. En el rancho había hormigas, unas hormigas muy gordas. Lilus les daba a beber jarabe para la tos[12] y les enyesaba las piernas fracturadas.[13]

Mientras lees

D. ¿En qué cree Lilus? ¿Qué hace para defenderse de ellas?

E. ¿Crees que Lilus se aburre en el rancho? ¿Por qué?

F. ¿Qué observa en el rancho?

G. ¿Qué hace con los insectos?

---

1 witches   2 sews into her shorts   3 small bunch   4 rosemary   5 belly button
6 bulge   7 toenails   8 three-leaf clover   9 nest   10 strands   11 centipede
12 cough syrup   13 would put casts on their broken legs

Capítulo 2   **11**

H. ¿De qué sufre Miss Lemon? ¿Qué hace Lilus para curarla?

I. ¿Quiénes son los pacientes de Lilus? ¿Qué nombres les da?

J. ¿Qué fruta es la que está más enferma?

K. ¿Por qué no tiene muñecas Lilus?

Un día buscó en la farmacia del pueblo una jeringa con aguja[1] muy fina, para ponerle una inyección de urgencia a Miss Lemon. Miss Lemon era un limón verde que sufría espantosos dolores[2] abdominales y que Lilus inyectaba con café negro. Después lo envolvía en un pañuelo[3] de su mamá; y en la tarde atendía[4] a otros pacientes: la señora Naranja, Eva La Manzana, la viuda Toronja y don Plátano.

Amargado por las vicisitudes[5] de esta vida, don Plátano sufría gota[6] militar, y como era menos resistente que los demás enfermos, veía llegar muy pronto el fin de sus días.

Lilus no tiene muñecas. Quizá su físico pueda explicar esta rareza. Es flaca[7] y da pasos grandes al caminar, porque sus piernas, largas y muy separadas la una de la otra, son saltonas,[8] se engarrotan[9] y luego se le atoran.[10] Al caerse Lilus causa la muerte invariable de su muñeca. Por eso nunca tiene muñecas. Sólo se acuerda de una güerita[11] a la que le puso Güera Punch y que murió al día siguiente de su venida[12] al mundo, cuando a Lilus Kikus se le atoraron las piernas.

---

1 syringe with a needle   **2** dreadful pains   **3** handkerchief   **4** took care of
5 Embittered by the problems   **6** gout   **7** skinny   **8** grasshopper-like   **9** stiffen up
10 get stuck   **11** little blonde one   **12** died the day after arriving

Después de leer
Actividades

1 Más deducciones

Contesta las siguientes preguntas sobre Lilus. Da ejemplos del texto que apoyan tus deducciones sobre su personalidad.

1. ¿Qué profesión le va a interesar a Lilus cuando sea[1] adulta?
2. ¿Va a tener muchos amigos Lilus?
3. ¿Es Lilus una niña compasiva?
4. ¿Tiene Lilus la imaginación muy activa?
5. ¿Es Lilus la clase de persona que se aburre[2] fácilmente?
6. ¿Es Lilus la clase de persona que depende mucho de los demás,[3] o es más bien independiente?
7. ¿Es Lilus la clase de persona que te gustaría tener como amiga? ¿Por qué sí o por qué no?

2 Cuando era niña

Lilus Kikus le cuenta a una amiga las cosas que hacía cuando era niña. Escribe lo que dice y usa las formas correctas del imperfecto para describir su pasado.

Modelo   **sentarse / en la banqueta de la calle**
           Me sentaba en la banqueta de la calle.

1. ver / pasar a la gente y los coches
2. creer / en las brujas
3. jugar / en el rancho de mi tío
4. operar / a las moscas del apéndice
5. mirar / los pajaritos en su nido
6. enyesarles / las piernas fracturadas a las hormigas
7. envolver / a Miss Lemon en un pañuelo
8. tener / amigos imaginarios
9. darles / jarabe para la tos a las hormigas
10. atender / a los insectos y las frutas del rancho

- -
1 when she becomes   **2** gets bored   **3** on others

¿Qué le dice Lilus a sus pacientes?

Lilus habla con sus amigos imaginarios: las frutas y los insectos. ¿Qué les dice? Escribe los consejos[1] que les da. ¡Sé imaginativo(a)!

MODELO **Miss Lemon, usted es muy agria,[2] por eso no tiene muchos amigos. Debe relajarse un poco.**

1. Don Plátano, usted no tiene mucho tiempo para vivir…
2. Señor Hormiga, usted está muy gordo…
3. Señora Toronja, yo sé que extraña[3] mucho al señor Toronja, pero usted necesita…
4. Eva,…
5. Señora Naranja,…
6. Miss Lemon,…

Lilus, la jovencita[4]

¡Ahora Lilus tiene tu edad! ¡Descríbela! Inventa la Lilus de tu edad que te gustaría tener como buena amiga. En tu descripción contesta las siguientes preguntas.

- ¿Cómo es?
- ¿Qué estudia? ¿Cuál es su clase favorita?
- ¿Hace deportes? ¿Cuáles?
- ¿Cuáles son sus comidas favoritas?
- ¿Tiene muchos amigos(as)?
- ¿Qué clase de películas y literatura le gustan?
- ¿Qué hace para divertirse? ¿Cuál es su pasatiempo favorito?
- ¿Le gustan los juegos de la computadora? ¿navegar por Internet?
- ¿Cómo es su cuarto?
- ¿Cómo se lleva con sus padres?

1 advice   **2** bitter   **3** you miss   **4** young girl

Un poco más...

Los juegos de la niñez

1 **Mis juegos favoritos**

Cuando eras niño(a), ¿tenías amigos imaginarios? ¿Inventabas juegos para divertirte? Escribe una descripción de los juegos favoritos de tu niñez. Usa la siguiente lista de preguntas como guía. Incluye también un dibujo para ilustrar cómo eran los juegos.

- ¿Dónde jugabas?
- ¿Cuál era tu juego favorito? ¿Cómo se jugaba?
- ¿Jugabas solo(a) o con amigos(as)?
- ¿Inventabas situaciones dependiendo de tus alrededores?[1]
- ¿Preferías los juguetes de la tienda o de la naturaleza?
- ¿Te gustaba asustarte?
- ¿Eras supersticioso(a)?
- ¿Jugabas a los superhéroes?
- ¿Tenías poderes[2] especiales?

2 **La presentación**

Ahora vas a hacer una presentación a la clase sobre los juegos favoritos de tu niñez. Puedes leer tu descripción o puedes representar[3] los juegos con la ayuda de tus compañeros. Pon tu dibujo en la pizarra para que todos lo vean antes de que empieces[4] la presentación. ¡Viva la imaginación!

---

1 depending on your surroundings **2** powers **3** act out **4** so everyone can see it before you begin

3 Palabras de la niñez

Hay muchas palabras graciosas[1] que se usan en torno a los niños y los bebés.[2] Usa las pistas del contexto para adivinar el significado de las palabras en negrilla y escoge la palabra en inglés de la derecha que le corresponde. Puedes usar algunas de las palabras más de una vez.

_____ 1. Le puse las **botitas** al bebé porque tenía los pies muy fríos.

_____ 2. ¡Qué niña más **chipil**! No deja de llorar.

_____ _____ 3. Después de poner al **nene** en su **cuna,** la mamá pudo acostarse también.

_____ 4. ¡Suerte[3] con los **pebetes** de tu tía! Son muy traviesos.

_____ _____ 5. Esa **criatura** no quiere dormir; tienes que cantarle **canciones de cuna.**

_____ 6. ¿Vas a cambiarle el **pañal** sucio al bebé?

_____ 7. Sueña con los angelitos, mi **rorro.**

_____ _____ 8. Cuentan que de noche viene el **coco** y se lleva[4] a los **pequeños.**

_____ _____ 9. El **pituso** tiene hambre, pero si no suelta[5] el **chupón,** no le puedo dar de comer.

_____ _____ 10. ¡Juy! ¡Esa **guagüita** está echando la comida por dondequiera![6] Ponle un **babero** para que no se ensucie la ropa.[7]

_____ _____ 11. La **nana** siempre calienta[8] la leche antes de llenar el **biberón** porque dice que a los bebés no les gusta tomar la leche fría.

A. pacifier

B. bib

C. diaper

D. baby shoes, booties

E. lullabies

F. bogeyman

G. crib

H. child who cries a lot

I. baby, small child

J. kids

K. nursemaid, nanny

L. bottle

Nota cultural

¿Sabías que...? Si lees la revista *Billiken* de Argentina, vas a descubrir que es una revista para pibes. Si una mamá le escribe a sus parientes que «al borreguito[9] le va bien», se refiere cariñosamente a su niñito. Si le cantas una arrurrupata, un arrorró o una nana a un bebé, lo estás arrullando[10] con una canción de cuna.[11] En Chile y en otras partes, una guagua es un bebé, pero en Puerto Rico y en Cuba la guagua es un medio de transporte muy popular—el autobús. ¿Puedes pensar en palabras interesantes del inglés de la infancia y la niñez?

. . . .

1 amusing   **2** around children and babies   **3** Good luck   **4** takes with him   **5** won't let go of   **6** is throwing food everywhere   **7** he doesn't get his clothes dirty   **8** heats   **9** lamb   **10** lulling or singing to sleep **11** lullaby

Capítulo

3 *Antes de leer*
El último mono (de *Manolito Gafotas*)

Estrategia

¡Dime algo! En esta estrategia dos estudiantes leen un texto y se turnan[1] para decir algo sobre el texto, ya sea en la forma de[2] una predicción, un comentario, una pregunta o una conexión con otros temas[3] o personas. Esta estrategia es importante porque ayuda al lector a concentrarse en la lectura[4] y por lo tanto a comprenderla mejor.

Actividad

¿Qué piensas de Manolito? Con un(a) compañero(a) lee el título y el primer trozo de «El último mono» en voz alta. Mientras leen, túrnense para decir algo sobre cada oración. Marquen en una hoja aparte[5] el tipo de reacción que tuvieron. Luego, contesten las preguntas a continuación.

El último mono

Me llamo Manolito García Moreno, pero si tú entras a mi barrio y le preguntas al primer tío que pase:

—Oiga, por favor, ¿Manolito García Moreno?

El tío, una de dos, o se encoge de hombros o te suelta:

—Oiga, y a mí qué me cuenta.

1. ¿Qué tipo de reacción tuvieron ustedes con más frecuencia?

2. ¿Qué fue lo que no entendieron?

3. ¿Qué predicciones hicieron? ¿De qué va a tratar el cuento?

4. ¿Que conexiones hicieron? ¿Conocen a alguien que se parezca a este personaje?

5. ¿Estabas siempre de acuerdo con tu compañero(a)? Explica por qué sí o por qué no.

---

1 take turns **2** either in the way of **3** topics, subjects **4** reading **5** a separate sheet of paper

El último mono (de *Manolito Gafotas*)

Elvira Lindo nació en Cádiz, España en 1962 pero a los doce años se mudó a Madrid donde actualmente reside.[1] Ha escrito novelas, una comedia teatral, y guiones[2] para programas de radio, televisión y películas. Su personaje más famoso, Manolito Gafotas, nace en la radio, pasa a ser el protagonista de sus novelas y en 1998 llega a la pantalla[3] en *La primera noche de mi vida*. Es co-guionista junto con el director de la película, la cual gana el Premio a la Mejor Película del Festival de Cine de Málaga. En ese mismo año gana el Premio Nacional de Literatura Infantil y Juvenil por *Los trapos sucios*[4] *de Manolito Gafotas*.

Mientras lees, piensa en las siguientes preguntas: ¿Tenías un sobrenombre cuando eras niño(a)? ¿Cuál era? ¿Por qué te decían así?

A. ¿Cómo se llama el narrador? ¿Así lo conocen en su barrio?

B. ¿Quién es su mejor amigo? ¿Puedes adivinar por qué le llaman Orejones?

C. ¿En qué barrio vive el narrador?

Me llamo Manolito García Moreno, pero si tú entras a mi barrio[5] y le preguntas al primer tío[6] que pase:

—Oiga, por favor, ¿Manolito García Moreno?

El tío, una de dos, o se encoge de hombros[7] o te suelta:

—Oiga, y a mí qué me cuenta.

Porque por Manolito García Moreno no me conoce ni el Orejones López, que es mi mejor amigo, aunque algunas veces sea un cochino[8] y un traidor y otras, un cochino traidor,[9] así, todo junto y con todas sus letras, pero es mi mejor amigo y mola un pegote.[10]

En Carabanchel,[11] que es mi barrio, por si no te lo había dicho, todo el mundo[12] me conoce por Manolito Gafotas. Todo el mundo que me conoce, claro. Los que no me conocen no saben ni que llevo gafas desde que tenía cinco años. Ahora, que ellos se lo pierden.

....

1 currently lives   **2** scripts   **3** screen   **4** dirty rags   **5** neighborhood   **6** guy, fellow
7 shrugs his shoulders   **8** can be a pig/rotten person   **9** rotten traitor   **10** he's a great guy   **11** a neighborhood in Madrid   **12** everyone

Me pusieron[1] Manolito por el camión[2] de mi padre y al camión le pusieron Manolito por mi padre, que se llama Manolo. A mi padre le pusieron Manolo por su padre, y así hasta el principio de los tiempos. O sea, que por si no lo sabe Steven Spielberg, el primer dinosaurio Velociraptor se llamaba Manolo, y así hasta nuestros días. Hasta el último Manolito García, que soy yo, el último mono.

Mientras lees

D. ¿Por qué le llaman Manolito?

Así es como me llama mi madre en algunos momentos cruciales, y no me llama así porque sea una investigadora de los orígenes de la humanidad. Me llama así cuando está a punto de soltarme una galleta o colleja.[3] A mí me fastidia que me llame el último mono, y a ella le fastidia[4] que en el barrio me llamen el Gafotas. Está visto que nos fastidian cosas distintas aunque seamos de la misma familia.

A mí me gusta que me llamen Gafotas. En mi colegio, que es el «Diego Velázquez», todo el mundo que es un poco importante tiene un mote.[5] Antes de tener un mote yo lloraba bastante. Cuando un chulito se metía conmigo[6] en el recreo siempre acababa insultándome y llamándome cuatro-ojos o gafotas. Desde que soy Manolito Gafotas insultarme es una pérdida de tiempo.[7] Bueno, también me pueden llamar Cabezón, pero eso de momento no se les ha ocurrido y desde luego yo no pienso dar pistas.[8] Lo mismo le pasaba a mi amigo el Orejones López; desde que tiene su mote ahora ya nadie se mete con[9] sus orejas.

[…]

E. ¿Cómo le llama su mamá a Manolito cuando está enojada con él? ¿Le gusta que su mamá lo llame así?

F. ¿Le gusta a Manolito que le llamen Gafotas? ¿Por qué?

El Imbécil es mi hermanito pequeño, el único que tengo. A mi madre no le gusta que le llame el Imbécil; no hay ningún mote que a ella le haga gracia.[10] Que conste que[11] yo se lo empecé a llamar sin darme cuenta.[12] No fue de esas veces que te pones a pensar con los puños sujetando la cabeza[13] porque te va a estallar.[14]

G. ¿Quién es el Imbécil? ¿Cuándo le puso Manolito ese mote?

Me salió[15] el primer día que nació. Me llevó mi abuelo al hospital; yo tenía cinco años; me acuerdo porque acababa de estrenar mis primeras gafas y mi vecina la Luisa siempre decía: «Pobrecillo, con cinco años».

1 They named me **2** truck **3** a slap or a cuff on the neck **4** it annoys her
5 nickname **6** When a wise guy picked a quarrel with me **7** a waste of time **8** give hints **9** teases him about **10** she finds funny **11** For the record **12** without realizing it **13** your fists holding your head in **14** explode **15** It came to me

Capítulo 3   **19**

Mientras lees

H. ¿Qué le hizo Manolito a su hermanito en el hospital?

I. ¿Cómo reacciona su hermanito? ¿Qué pensó Manolito?

J. ¿Qué mote le da su abuelo a Manolito?

K. ¿Cuál es la canción preferida del abuelo? ¿Cómo sabe Manolito que es una canción antigua?

L. ¿Qué le pasó al Joselito original?

M. ¿Sabe la gente en Carabanchel quién es Manolito el nuevo Joselito? ¿Qué hace la gente por hacerse los graciosos?

N. En el barrio, ¿cómo es conocido Manolito? Y ¿en su propia casa?

Bueno, pues me acerqué a la cuna y le fui a abrir un ojo con la mano [...] Yo fui a hacerlo con mi mejor intención y el tío se puso a llorar con ese llanto[1] tan falso que tiene. Entonces todos se me echaron encima[2] como si el poseído fuera yo[3] y pensé por primera vez: «¡Qué imbécil!», y es de esas cosas que ya no se te quitan de la cabeza. Así que nadie me puede decir que le haya puesto el mote aposta;[4] ha sido él,[5] que ha nacido para molestar[6] y se lo merece.[7]

Igual que yo me merezco que mi abuelo me llame: Manolito, el *Nuevo Joselito:* Porque mi abuelo me enseñó su canción preferida, que se llama *Campanera,* y que es una canción muy antigua, de cuando no había wáter[8] en la casa de mi abuelo y la televisión era *muda.*[9] Algunas noches jugamos a Joselito, que era el niño antiguo que la cantaba en el pasado, y yo le canto la canción y luego hago que vuelo[10] y esas cosas, porque si no jugar a Joselito, una vez que acabas de cantar *Campanera,* se convierte en un rollo repollo.[11] Además, a mi abuelo se le saltan las lágrimas por lo antigua que es *Campanera* y porque el niño antiguo acabó en la cárcel;[12] y a mí me da vergüenza que mi abuelo llore con lo viejo que es por un niño tan antiguo.

Resumiendo, que si vas a Carabanchel y preguntas por Manolito, *el Nuevo Joselito,* tampoco te van a querer decir nada o a lo mejor te señalan la cárcel de mi barrio, por hacerse los graciosos,[13] que es una costumbre que tiene la gente.

No sabrán quién es Manuel, ni Manolo, ni Manuel García Moreno, ni el Nuevo Joselito, pero todo el mundo te dará pelos y también señales[14] de Manolito, más conocido a este lado del río Manzanares como Gafotas, más conocido en su propia casa como «Ya ves tú quién fue a hablar: El Último Mono».

---

1 crying **2** came at me **3** as if I were the one possessed **4** that I have given him the nickname on purpose **5** it was he **6** born to be a pain **7** deserves it **8** toilet (from *water closet*) **9** silent **10** I pretend to fly **11** huge hassle **12** ended up in jail **13** to be funny **14** a detailed description

Después de leer
Actividades

¡Dime algo más!

Escoge tres o cuatro oraciones del capítulo **«El último mono»** que más te hicieron gracia.[1] Escribe tus reacciones a cada oración e indica si son predicciones, comentarios, preguntas o conexiones.

MODELO **«O sea, que por si no lo sabe Steven Spielberg, el primer dinosaurio Velociraptor se llamaba Manolo, y así hasta nuestros días.»**
Yo creo que Manolito se está burlando[2] de la tradición en su familia de ponerle el mismo nombre a alguien de cada generación: Manolo. (comentario) En mi familia, mi abuela, mi madre y mi hermana todas se llaman Ana María o Ana Gloria. (conexión)

Yo pienso que...

Contesta las siguientes preguntas.

1. ¿Te gustó «El último mono»? ¿Por qué sí o por qué no?

2. ¿Aprendiste algo de la cultura española de Madrid? ¿Qué?

3. ¿Cómo te pareció Manolito como narrador? ¿Te hizo gracia? ¿Es alguien a quien te gustaría conocer? ¿Por qué sí o por qué no?

4. ¿Aprendiste algunas palabras o frases españolas que sólo usarían los jóvenes?[3] ¿Cuáles fueron? ¿Hay algunas palabras o frases en inglés que usas tú que son equivalentes? ¿Cuáles son?

5. Describe la actitud que adopta la escritora en el cuento. ¿Quién es su «voz»? ¿Hay algún cuento o novela que conoces que usa el mismo tono? ¿Cuál es?

6. ¿Te sorprende que sea una mujer que escribió este cuento? ¿Por qué sí o por qué no?

El futuro de Manolito

¿Cómo será Manolito de adulto? Escribe oraciones completas usando los verbos en paréntesis en el tiempo futuro.

MODELO **Manolito no (vivir) en Carabanchel**
Manolito no vivirá en Carabanchel.

1. Manolito (usar) lentes de contacto

2. Orejones y Manolito (ir) a la universidad juntos

3. Manolito (cambiar) su mote

4. La mamá de Manolito (dejar) de llamarlo «El último mono»

5. El abuelo de Manolito (cantar) la canción *Campanera* hasta que muera[4]

6. Manolito y su mamá (hablar) por teléfono frecuentemente

7. Manolito (escribir) comedias para el cine español

. . . .

1 that amused you the most   **2** is making fun of   **3** that only teenagers would use   **4** until he dies

4 Entrevista

Entrevista a la mamá de Manolito. Haz una lista de preguntas usando el tiempo futuro. En España sólo se usa «usted» para las personas muy mayores de edad o en situaciones muy formales, así que puedes tratarla de[1] «tú». Luego, imagina qué te contestaría[2] la mamá. En tus respuestas a las Actividades 1, 2 y 3 encontrarás muchas ideas.

Modelo —¿Cómo será Manolito en 20 años?
—¡Uf! Me imagino que igual, con muchas ganas de hablar...
—¿Qué profesión crees que tendrá?
—Artista, con un gran público; le gusta tanto expresarse...

5 El programa de Manolito

Imagina que Manolito tiene su propio programa. Indica dónde se presenta (en la tele, en la radio, en la plaza de un parque famoso) y cómo se llama. Puedes escribir un anuncio para su programa o puedes escribir el guión para parte de su programa. Incluye por lo menos cinco apodos que él usa para sus personajes, para los lugares que ellos frecuentan[3] o para las cosas que Manolito personifica.

6 Así me llamaban...

¿Tienes o tenías un mote en tu colegio, en casa o en tu barrio? Escribe un ensayo sobre la historia de tu mote. Trata de imitar el tono de humor que emplea Manolito en su historia. Puedes incluir los siguientes detalles si quieres:

- quién te lo puso
- por qué te lo pusieron
- si te gusta o no te gusta y por qué
- si crees que lo vas a tener para siempre
- los motes de tus mejores amigos
- el mote que te gustaría tener

. . . .

1 address her   **2** would answer   **3** frequent, go to

Un poco más...

Nota cultural

¿Sabías que...? Los apodos, o los motes, son muy comunes en las familias latinas. Frecuentemente, el apodo viene del nombre de la persona. Por ejemplo, a Gilberto se le llama Beto; a Francisco, Paco; a Rosario, Charo o Chayo. Es común usar la forma diminutiva **-ito/-ita** del nombre con niños: a Manolo se le puede llamar Manolito; a Miguel, Miguelito; a Rosa, Rosita. El diminutivo se usa para expresar cariño, aunque también puede tener un sentido irónico[1] si se usa con personas grandes o mayores.

En otros casos, los apodos nacen de[2] alguna característica de la persona. Esto se refleja[3] en los motes de los personajes de Elvira Lindo: Gafotas y Orejones. Es común añadir sufijos aumentativos como **-ote/-ota** y **-ón/-ona** a una palabra para indicar un aumento de tamaño,[4] intensidad o cantidad.[5] La forma aumentativa suele usarse[6] para hacerle burla[7] a la persona, pero estos motes no siempre son ofensivos. A Manolito Gafotas y Orejones López los motes los protegen de que los demás se burlen de[8] sus gafas y orejas. Es más, un apodo con sufijo aumentativo puede exagerar un rasgo[9] que provoca[10] cariño, como decirle «cachetón» a un niñito con lindas mejillas.[11]

Cachetón Miguelito

1 El mote perfecto

Tú vas a hacer tu propio programa que trata de tres personajes que no son personas. Pueden ser animales, plantas y cosas que tienen su propia personalidad y saben hablar. Incluye muchos detalles de su carácter y aspecto físico,[12] y ponle un mote perfecto a cada uno.

2 La voz de los niños

¿Qué quiere decir el refrán «Los niños y los locos dicen las verdades»? ¿Estás de acuerdo? Explica. ¿Por qué crees que los escritores escogen a un niño o una niña para narrar un cuento? ¿Crees que Manolito Gafotas, Lilus Kikus y Veva «dicen las verdades»?

---

1 ironic meaning **2** come from **3** is reflected **4** increase in size **5** quantity **6** tends to be used
7 to make fun of **8** others make fun of **9** trait **10** causes, evokes **11** cute cheeks **12** physical appearance

El misterio y la fantasía

La literatura es ideal para imaginar mundos que desobedecen[1] las leyes[2] de la realidad. El escritor no tiene que aceptar los límites de la vida real: puede inventar los parámetros de los mundos que crea sin tener en cuenta[3] las leyes de la física que conocemos. Puede unir la realidad y la fantasía para crear un mundo misterioso donde no es fácil distinguir entre las dos. La literatura latinoamericana en particular refleja[4] una fascinación por la fusión de la realidad y la fantasía.

Vas a leer tres cuentos que tratan del misterio y la fantasía:

A ver qué te parece el mundo de la fantasía...

1 disobey   **2** laws   **3** without taking into account   **4** reflects

Capítulo 4

Antes de leer
Tiempo libre

Estrategia

La palabra principal Ésta es una estrategia útil porque ayuda al lector a identificar el tema[1] de una lectura. El lector divide el texto en fragmentos o párrafos, y escoge palabras claves,[2] o sea, las palabras que parecen contener el mensaje que quiere comunicar el autor. Al usar esta estrategia el lector aprende a identificar la idea principal de un texto, sacar conclusiones y hacer generalizaciones.

Actividad

Las primeras oraciones Lee el título y las primeras oraciones del cuento «Tiempo libre». Luego, en grupos de tres o cuatro, contesten las preguntas que siguen.

Tiempo libre

Todas las mañanas compro el periódico y todas las mañanas, al leerlo, me mancho[3] los dedos con tinta.[4] Nunca me ha importado ensuciármelos[5] con tal de estar al día[6] en las noticias. Pero esta mañana sentí un gran malestar[7] apenas toqué[8] el periódico.

1. ¿Qué palabras crees que son las más importantes? ¿Qué ideas principales comunican?

2. ¿A qué se refiere el título? ¿Te ayuda a decidir cuáles son las palabras principales del texto?

3. Basándote en las palabras principales que escogiste, ¿de qué crees que va a tratar el cuento? ¿Por qué?

4. ¿Escogieron palabras tus compañeros que no escogiste tú? ¿Te pudieron convencer de la importancia de su elección[9]? ¿Por qué sí o por qué no?

---

1 theme, topic **2** key words **3** I stain **4** ink **5** get them dirty **6** as long as I am up to date **7** discomfort, unease **8** right after touching **9** choice

Tiempo libre

Guillermo Samperio nació en 1948 en la Ciudad de México donde se educó y aún reside, escribiendo y desempeñando cargos[1] en las instituciones educativas y culturales prestigiosas de la ciudad. Entre los premios que ha recibido se destacan el Casa de las Américas (1977) por *Miedo ambiente* y el Nacional de Periodismo Literario al Mejor Libro de Cuentos (1988) por *Cuaderno imaginario*. Se publicó «Tiempo libre» en la colección de cuentos *Textos extraños* (1981).

Mientras lees piensa en las siguientes preguntas:

¿Lees el periódico todos los días, de costumbre?

¿Crees que leer el periódico es algo inofensivo o algo peligroso?

A. ¿Qué hace todos los días el narrador?

B. ¿Le importa ensuciarse los dedos? ¿Qué le importa más?

C. ¿Cómo se sintió esta mañana al tocar el periódico? ¿Qué pensó que era?

D. ¿Qué hizo cuando regresó a casa? ¿Quién no estaba allí?

E. ¿Qué leyó en el periódico que lo hizo sentirse mal? ¿Cómo estaban sus dedos?

Todas las mañanas compro el periódico y todas las mañanas, al leerlo, me mancho los dedos con tinta. Nunca me ha importado ensuciármelos con tal de[2] estar al día en las noticias. Pero esta mañana sentí un gran malestar apenas toqué el periódico. Creí que solamente se trataba de uno de mis acostumbrados mareos.[3] Pagué el importe[4] del diario y regresé a mi casa. Mi esposa había salido de compras. Me acomodé en mi sillón[5] favorito, encendí un cigarro y me puse a leer la primera página. Luego de enterarme de que un jet se había desplomado,[6] volví a sentirme mal; vi mis dedos y los encontré más tiznados[7] que de costumbre.[8] Con un dolor de cabeza terrible, fui al baño, me lavé las manos con toda calma y, ya tranquilo, regresé al sillón. Cuando iba a tomar mi cigarro, descubrí que una mancha negra cubría[9] mis dedos. De inmediato retorné al baño, me tallé con zacate,[10] piedra pómez[11] y, finalmente, me

---

1 carrying out duties and obligations **2** get them dirty provided that **3** the usual dizzy spells **4** price **5** easy chair **6** had plummeted, crashed **7** blackened **8** than usual **9** covered **10** I scrubbed myself with a scouring pad **11** pumice stone

lavé con blanqueador;[1] pero el intento fue inútil,[2] porque la mancha creció y me invadió hasta los codos. Ahora, más preocupado que molesto,[3] llamé al doctor y me recomendó que lo mejor era que tomara unas vacaciones, o que durmiera.[4] En el momento en que hablaba por teléfono, me di cuenta de que, en realidad, no se trataba de[5] una mancha, sino de un número infinito de letras pequeñísimas, apeñuscadas,[6] como una inquieta multitud de hormigas[7] negras. Después, llamé a las oficinas del periódico para elevar mi más rotunda protesta; me contestó una voz de mujer, que solamente me insultó y me trató de loco. Cuando colgué, las letritas habían avanzado ya hasta mi cintura. Asustado,[8] corrí hacia la puerta de entrada; pero, antes de poder abrirla, me flaquearon las piernas[9] y caí estrepitosamente.[10] Tirado bocarriba[11] descubrí que, además de la gran cantidad de letrashormiga que ahora ocupaban todo mi cuerpo, había una que otra fotografía. Así estuve durante varias horas hasta que escuché que abrían la puerta. Me costó trabajo hilar[12] la idea, pero al fin pensé que había llegado mi salvación. Entró mi esposa, me levantó del suelo, me cargó bajo el brazo, se acomodó en mi sillón favorito, me hojeó despreocupadamente[13] y se puso a leer.

Mientras lees

F. ¿Cómo estaban sus dedos cuando regresó del baño? ¿Qué hizo después?

G. ¿Qué pasaba con la mancha?

H. ¿A quién llamó primero? ¿Qué le dijo al narrador?

I. ¿A qué insecto compara las letras?

J. ¿A quién llamó después? ¿Cómo lo trató?

K. ¿Qué descubrió cuando colgó? ¿Qué hizo?

L. ¿Dónde está el narrador? ¿Qué hay en su cuerpo?

M. ¿Quién lo encontró?

N. ¿En qué se convirtió el narrador?

---

1 bleach **2** the attempt was useless **3** annoyed, irritated **4** that I sleep **5** it wasn't **6** crammed together **7** ants **8** frightened **9** my legs weakened, gave way **10** I fell with a loud crash **11** flung face-up **12** to string together **13** leafed through me unconcerned

Después de leer
Actividades

1 Tres palabras

En tu opinión, ¿cuáles son las tres palabras más importantes del cuento que acabas de leer? Apunta las palabras y da ejemplos del texto que apoyan tu elección.[1]

2 Tres títulos

Crea tres títulos diferentes para el cuento «Tiempo libre» usando las palabras que escogiste para la Actividad 1. Luego júntate con dos compañeros(as) y escojan tres de los títulos que más les guste[2] y que mejor reflejen[3] los temas del cuento.

3 Se le...

¿Qué cosas inesperadas le pasaron al narrador del cuento «Tiempo libre»? Usa **se + pronombre indirecto** para expresar lo que le pasó al narrador. Después de escribir las oraciones, ponlas en orden cronológico.

MODELO   **manchar las manos**

         _1_   Se le mancharon las manos.

_____ hacer difícil hilar una idea

_____ subir las letrashormiga hasta la cintura[4]

_____ crecer la mancha

_____ ir las ganas[5] de leer el periódico

_____ meter las ansias[6]

_____ debilitar las piernas

---

1 that support your choice   **2** you like the most   **3** best reflect   **4** waist   **5** no longer feel like
6 to become anxious

Dibuja la fantasía

Escoge una escena fantástica del cuento que no ha sido ilustrada y dibújala. Puedes añadir más detalles fantásticos al cuento si no te gustan las escenas que quedan.[1] Si no quieres dibujar, escribe instrucciones para un artista e incluye muchos detalles. En tu dibujo o descripción, incluye lo siguiente:

- la escenografía: el lugar donde ocurre
- los elementos fantásticos
- lo que piensa o siente el personaje
- los elementos reales

Los titulares

Al narrador del cuento las noticias lo hacían sentir mal. Con un(a) compañero(a) escribe seis titulares[2] que posiblemente leyó el narrador ese día en que se convirtió[3] en periódico. Usen noticias locales, nacionales o internacionales.

Yo pienso que...

Contesta las siguientes preguntas.

1. ¿Te gusta saber lo que ha pasado en las noticias todos los días? ¿Cómo te gusta recibir las noticias—a través del periódico, la televisión, la radio o Internet?

2. ¿Cuánto tiempo por semana pasas leyendo o escuchando las noticias del día? ¿Crees que es válido describir ese tiempo como «tiempo libre»?

3. ¿Conoces a alguien que se obsesione[4] con las noticias? ¿Crees que es saludable[5] siempre tener que saber lo que está pasando en el mundo? ¿Cómo te hacen sentir a ti las noticias?

4. ¿Crees que el autor lee el periódico todos los días? ¿Por qué crees eso?

5. ¿Cuál crees que es la actitud del autor sobre el periódico y las noticias? ¿Por qué crees eso?

6. ¿Por qué crees que el autor le puso a este cuento el título «Tiempo libre»?

7. ¿Cuál es el mensaje que el autor quiere comunicarle al lector? ¿Crees que lo logró?[6]

8. ¿Te gustó el cuento? Explica.

. . . .

1 remain   **2** headlines   **3** turned into   **3** by means of   **4** someone who obsesses   **5** healthy
6 accomplished it

1 ¡Me convertí en un teléfono!

Para el narrador del cuento «Tiempo libre», el periódico era un objeto de la vida cotidiana que necesitaba tener en su posesión todos los días. Estar al tanto[1] de las noticias era tan importante para él que al final, él mismo se convirtió en un periódico. ¿Cuáles de tus pertenencias[2] son tan importantes que no puedes imaginar estar sin ellas? Con un(a) compañero(a), haz una lista de diez objetos de este tipo.

Ahora, escribe un cuento en el que te conviertes en[3] uno de esos objetos. Desarrolla la situación de una manera misteriosa y con mucho suspenso como lo ha hecho Guillermo Samperio. Antes de empezar, contesta las siguientes preguntas:

- ¿Cómo te das cuenta que te estás convirtiendo en ese objeto?
- ¿Cómo reaccionas?
- ¿Qué tratas de hacer para impedir[4] la transformación?
- ¿A quiénes llamas y qué les dices?
- ¿Pides ayuda?
- ¿Quién te encuentra?

Nota cultural

¿Sabías que...? Cuando los mayas enterraban[5] a sus seres queridos,[6] era común incluir en su tumba[7] objetos de la vida cotidiana[8] que eran importantes para el difunto:[9] juguetes para los niños, herramientas[10] para el hombre, cerámica para la mujer. Se hacía[11] para que el muerto pudiera funcionar[12] mejor en el otro mundo con los objetos que más le importaban. ¿Hay objetos que son muy importantes para ti? ¿Cuáles son?

. . . .

1 To be up to date   **2** belongings   **3** you turn into   **4** to stop   **5** buried   **6** loved ones   **7** tomb   **8** daily life   **9** dead person   **10** tools   **11** This was done   **12** would be able to manage

Capítulo

5 *Antes de leer*
Continuidad de los parques

Estrategia

Las pistas del contexto[1] Siempre es útil buscar en el diccionario las palabras desconocidas;[2] pero el buen lector también usa las pistas del contexto para adivinar el significado[3] de una palabra. Esta estrategia le ayuda a comprender lo que lee sin separarse de la lectura. También le ayuda a escoger el significado correcto si el diccionario ofrece más de uno. Por eso el buen lector examina el significado de las palabras y frases que rodean[4] la palabra que desconoce.

Actividad

¿Qué quieren decir? Lee las siguientes citas[5] del cuento «Continuidad de los parques». Luego, escoge la palabra o las palabras que mejor definen la palabra **en negrilla.** Usa las pistas del contexto que hay en la frase para escoger el significado correcto.

1. …volvió al libro en la tranquilidad del estudio[6] que miraba hacia el parque de **los robles.**
   - **a.** los árboles
   - **b.** los carros
   - **c.** los trenes

2. **Arrellanado** en su sillón favorito, de espaldas a la puerta que lo hubiera molestado como una irritante posibilidad de intrusiones…
   - **a.** acostado al revés[9]
   - **b.** atrapado
   - **c.** sentado de un modo muy a gusto

3. …y sentir a la vez que su cabeza descansaba[7] cómodamente en el terciopelo del alto **respaldo.**
   - **a.** una mesa
   - **b.** una parte del sillón
   - **c.** un sombrero

4. Un diálogo **anhelante** corría por las páginas como un arroyo[8] de serpientes,…
   - **a.** que expresa un vehemente deseo
   - **b.** que expresa algo muy frío
   - **c.** que expresa satisfacción

5. Ella debía seguir por **la senda** que iba al norte.
   - **a.** el camino
   - **b.** la carta
   - **c.** la serpiente

6. Subió los tres **peldaños** del porche y entró.
   - **a.** puertas
   - **b.** ventanas
   - **c.** escalones[10]

---

1 context clues **2** unknown **3** meaning **4** surround **5** quotations **6** study (room) **7** rested **8** stream, river **9** upside down, backwards **10** steps, stairs

Continuidad de los parques

Mientras lees

Julio Cortázar (1914–1984) nació en Bruselas de padres argentinos. Pasó los primeros cuatro años de su vida en la capital belga. En 1918, sus padres regresaron a la Argentina, donde se crió.[1] Cursó estudios de pedagogía con especialidad en literatura. A los veinte años empezó a enseñar en escuelas secundarias en las afueras de Buenos Aires y luego en la Universidad de Cuyo. Entre sus novelas más conocidas están *Los premios* (1960), *Rayuela* (1963), *'62: Modelo para armar* (1968), *Queremos tanto a Glenda* (1980) y *Un tal Lucas* (1979). Sus colecciones de cuentos incluyen *Final del juego* (1956) en donde aparece «Continuidad de los parques», *Bestiario* (1951), *Las armas secretas* (1959) y *Octaedro* (1974).

Cortázar se trasladó[2] a París en 1951, donde se hizo ciudadano[3] francés y trabajó como traductor[4] independiente de la UNESCO. En sus cuentos y novelas se notan escenarios parisinos, muy notables en *Rayuela* y en «El perseguidor» de *Las armas secretas*. Continuó desempeñando cargos[5] en el extranjero desde su hogar[6] en París. Murió en Francia.

Mientras lees, piensa en las siguientes preguntas:
¿Tienes un lugar favorito donde leer o imaginar aventuras? ¿Cómo es?
¿Alguna vez has olvidado el mundo real al quedar absorto(a) en una novela?

A. ¿Cuándo empezó el señor a leer la novela? ¿Por qué la dejó de leer?
B. ¿Qué hizo en el tren?

En el cuento que sigue, presta mucha atención a los detalles del escenario. Así podrás apreciar el desenlace[7] extraordinario que le aguarda[8] al personaje principal.

    Había empezado a leer la novela unos días antes. La abandonó por negocios urgentes,[9] volvió a abrirla cuando regresaba en tren a la finca;[10] se dejaba interesar lentamente por la trama, por el dibujo de los personajes.[11] Esa tarde, después de escribir una carta a su apoderado[12] y discutir con su mayordomo[13] una cuestión de aparcerías,[14] volvió al libro en la tranquilidad del estudio que miraba hacia el parque de los robles.[15]

. . . .

1 was raised   **2** moved   **3** became a citizen   **4** translator   **5** carrying out duties and obligations   **6** home   **7** conclusion, denoument   **8** awaits   **9** urgent business   **10** country house, farm   **11** character sketch   **12** representative   **13** foreman   **14** joint ownerships   **15** oak trees

Arrellanado[1] en su sillón favorito, de espaldas a la puerta que lo hubiera molestado[2] como una irritante posibilidad de intrusiones, dejó que su mano izquierda acariciara[3] una y otra vez el terciopelo[4] verde y se puso a leer los últimos capítulos. Su memoria retenía sin esfuerzo los nombres y las imágenes de los protagonistas; la ilusión novelesca lo ganó[5] casi en seguida. Gozaba del placer casi perverso de irse desgajando[6] línea a línea de lo que lo rodeaba, y sentir a la vez que su cabeza descansaba cómodamente en el terciopelo del

alto respaldo,[7] que los cigarrillos seguían al alcance de la mano, que más allá de los ventanales danzaba el aire del atardecer bajo los robles. Palabra a palabra, absorbido por la sórdida disyuntiva[8] de los héroes, dejándose ir hacia[9] las imágenes que se concertaban y adquirían color y movimiento, fue testigo del último encuentro en la cabaña del monte.[10] Primero entraba la mujer, recelosa;[11] ahora llegaba el amante, lastimada la cara por el chicotazo de la rama.[12] Admirablemente restañaba ella la sangre[13] con sus besos, pero él rechazaba sus caricias,[14] no había venido para repetir las ceremonias de una pasión secreta, protegida por un mundo de hojas secas y senderos furtivos. El puñal[15] se entibiaba[16] contra su pecho, y debajo latía la libertad agazapada.[17]

1 settled comfortably   2 would have bothered him   3 stroke   4 velvet   5 drew him in
6 separating/tearing himself (away)   7 the back of a chair   8 dilemma   9 letting
himself go toward   10 cabin in the woods   11 fearful, suspicious   12 lash from a
branch   13 stopped the flow of blood   14 rejected her caresses   15 the dagger
16 was getting warmer   17 restrained freedom

Mientras lees

C. ¿Dónde se acomodó para leer los últimos capítulos?

D. ¿Por qué se sentó con su espalda a la puerta?

E. ¿De qué está más conciente el narrador: del estudio o de los protagonistas?

F. ¿Cómo es su sillón favorito?

G. ¿Dónde tiene lugar la escena que está leyendo? ¿Quiénes son los protagonistas?

H. ¿Quién tiene sangre en la cara? ¿Por qué?

I. ¿Qué trató de hacer la mujer? ¿Cómo reaccionó el hombre?

Capítulo 5   33

J. ¿Son meticulosos los planes de los amantes? ¿Cómo lo sabes?

K. ¿Qué interrumpe la caricia de una mejilla?

L. ¿Cuándo se van de la cabaña?

M. ¿En qué dirección se fue la mujer? ¿Y el hombre?

N. ¿Qué vio el hombre cuando se volvió un instante?

Un diálogo anhelante[1] corría por las páginas como un arroyo de serpientes, y se sentía que[2] todo estaba decidido desde siempre. Hasta esas caricias que enredaban[3] el cuerpo del amante como queriendo retenerlo y disuadirlo, dibujaban abominablemente la figura de otro cuerpo que era necesario destruir. Nada había sido olvidado: coartadas,[4] azares,[5] posibles errores. A partir de esa hora cada instante tenía su empleo minuciosamente[6] atribuido. El doble repaso[7] despiadado[8] se interrumpía apenas[9] para que una mano acariciara una mejilla. Empezaba a anochecer.

Sin mirarse ya, atados[10] rígidamente a la tarea que los esperaba, se separaron en la puerta de la cabaña. Ella debía seguir por la senda[11] que iba al norte. Desde la senda opuesta él se volvió un instante para verla correr con el pelo suelto.

1 full of longing   2 it felt like   3 entangled   4 alibis   5 coincidences
6 meticulously   7 rehearsal   8 remorseless   9 was only barely interrupted
10 tied   11 follow the path

Corrió a su vez, parapetándose[1] en los árboles y los setos,[2] hasta distinguir en la bruma malva[3] del crepúsculo[4] la alameda que llevaba a la casa. Los perros no debían ladrar,[5] y no ladraron. El mayordomo no estaría a esa hora, y no estaba. Subió los tres peldaños[6] del porche y entró. Desde la sangre galopando en sus oídos[7] le llegaban las palabras de la mujer: primero una sala azul, después una galería, una escalera alfombrada.[8] En lo alto, dos puertas. Nadie en la primera habitación,[9] nadie en la segunda.

La puerta del salón, y entonces el puñal en la mano, la luz de los ventanales,[10] el alto respaldo de un sillón de terciopelo verde, la cabeza del hombre en el sillón leyendo una novela.

O. ¿Cómo sabe el hombre que los perros no iban a ladrar y que el mayordomo no iba a estar?

P. ¿Qué tiene en la mano el hombre cuando entra al salón?

Q. ¿Quién está en el salón? ¿Qué está haciendo?

. . . .

1 taking cover   **2** hedges, bushes   **3** purplish mist   **4** twilight   **5** bark   **6** steps
7 ears   **8** carpeted stairway   **9** room   **10** large windows

Después de leer
Actividades

1 ▸ **Entre líneas**

Lee las siguientes oraciones del cuento y escoge la oración que mejor refleja el mensaje del escritor.

1. «Gozaba del placer casi perverso de irse desgajando línea a línea de lo que lo rodeaba…»
   a. Le gustaba leer porque lo separaba de sus alrededores.[1]
   b. Le gustaba leer aunque le era difícil entender lo que leía.

2. «…pero él rechazaba sus caricias, no había venido para repetir las ceremonias de una pasión secreta, protegida por un mundo de hojas secas y senderos furtivos.»
   a. Antes, el hombre no venía a recibir el cariño de la mujer porque era demasiado peligroso.
   b. En otras ocasiones, el hombre sí vino a recibir el cariño de la mujer aunque era peligroso.

3. «Nada había sido olvidado: coartadas, azares, posibles errores. … El doble repaso despiadado se interrumpía apenas para que una mano acariciara una mejilla.»
   a. Los amantes se dejan distraer[2] por las caricias.
   b. Las caricias no distraen a los amantes de la tarea que los espera.

4. «Subió los tres peldaños del porche y entró. Desde la sangre galopando en sus oídos le llegaban las palabras de la mujer: primero una sala azul, después una galería, una escalera alfombrada.»
   a. El amante está en la casa y la mujer viene tras[3] él.
   b. El amante está en la casa y recuerda lo que le dijo la mujer.

2 ▸ **Cierto o falso**

Di si las siguientes oraciones son ciertas o falsas. Corrige las oraciones falsas para que sean ciertas.

1. La novela que lee el hombre es una novela de ciencia ficción.

2. Al hombre no le interesa mucho la novela.

3. El hombre tiene un lugar favorito donde le gusta leer.

4. El hombre no quiere interrupciones mientras lee.

5. Los amantes no repasan[4] las tareas que se han dado.

6. El amante va a matar[5] al hombre con una pistola.

7. El amante le describe el plan[6] de la casa a la mujer.

8. La mujer le asegura[7] al amante que el hombre va a estar solo.

· ·

1 surroundings   **2** let themselves be distracted   **3** after, behind   **4** review, go over   **5** kill   **6** layout
7 assures him

3 ► La importancia de...

El escritor de «Continuidad de los parques» no revela la trama del cuento directamente. Más bien se sirve de[1] detalles descriptivos que insinúan los hechos.[2] Escoge cuatro de los detalles a continuación y explica qué papel desempeñan en el cuento. Contesta las preguntas del cuadro.

- los nombres de los protagonistas
- el sillón de terciopelo verde
- los negocios del hombre que lee la novela
- el parque de robles
- el monte
- la luz del día
- los perros que no ladran y el mayordomo que no está
- las caricias de la mujer

> ¿Cuáles son las referencias en el texto a ese detalle?
>
> ¿Cómo afectaría[3] el cuento (la trama, el escenario) no tener ese detalle?
>
> Substituye ese detalle con otro (un sofá rojo por el sillón verde) y explica cómo afectaría el cuento.

4 ► Yo pienso que...

1. ¿Qué conexión tiene el título del cuento con el cuento? ¿A qué se refiere el título?[4]

2. Compara cómo describe el autor el mundo del señor que lee la novela con su descripción del mundo de los amantes. Incluye ejemplos del cuento. ¿Qué crees que está comentando el autor sobre la realidad y la ficción?

3. ¿Cómo revela el autor que el señor que el amante va a matar es el mismo que lee la novela en el sillón?

4. ¿Es posible que el mundo del cuento (que se presenta como la realidad) sea el mismo que el mundo de la novela (que se presenta como la ficción)? Explica.

5. ¿Qué piensas ahora de tu papel de lector? ¿Hasta qué punto te dejas afectar por lo que lees?

. . . .

1 he makes use of **2** that hint at the actions/events **3** would it affect **4** does the title refer to

Un poco más...

1 En versión para el cine

Imagina que, en homenaje a Cortázar, una patrocinadora de las bellas artes[1] quiere hacer de «Continuidad de los parques» una película corta. Ella está dispuesta a pagar todos los gastos[2] si alguien se ofrece[3] para crear un guión y dirigir la película. Tú y tus compañeros, que ya conocen el cuento, son candidatos ideales para el proyecto. Lean los requisitos[4] y usen las sugerencias para guiar su proyecto.

SUGERENCIAS
1. Identifiquen las escenas que hay en el cuento y las escenas que van a añadir.
2. Para cada escena anoten detalles de los personajes, de la escenografía[5] y de la trama. Identifiquen la atmósfera y el tono para cada escena.
3. ¿Cómo van a unir[6] todas las escenas? Por ejemplo, pueden contrastar la realidad del personaje en el sillón verde con la realidad de los personajes en la cabaña en el monte si usan diferentes filtros de colores para las escenas. Tal vez quieran añadir una tercera realidad: la imaginación del personaje en el sillón verde.
4. ¿Hay sólo un posible desenlace del cuento? ¿Es posible otra interpretación? ¿Cómo saben que el último párrafo no lo 'escribió' la imaginación del personaje en el sillón verde? ¿Están seguros[7] que él no está fingiendo[8] leer, listo[9] para defenderse del amante intruso?[10]

REQUISITOS
• No cambien los detalles del escenario ni los personajes del cuento.
• No cambien la trama.
• Reflejen la atmósfera y el tono original.

---

1 patron/supporter of fine arts   **2** expenses   **3** if someone offers himself/herself   **4** requirements
5 set, stage   **6** unify   **7** are you sure   **8** pretending to   **9** ready   **10** intruding lover

Capítulo

6 Antes de leer
Chac Mool

Estrategia

Guía de anticipación En esta estrategia el lector da su parecer[1] sobre una serie de generalizaciones basadas en los temas de una lectura. Éstas sirven de guía de anticipación en tanto que[2] el lector se familiariza y hace conexiones con temas de la lectura antes de leer. Mientras lee, el lector adquiere más información y al final, examina sus opiniones de nuevo[3] para ver si éstas han cambiado.

Actividades

A **¿Estás de acuerdo?** En la guía de anticipación que sigue, lee las generalizaciones basadas en el cuento «Chac Mool». ¿Estás o no estás de acuerdo con cada generalización? Defiende tu punto de vista: ¿Qué conocimiento previo explica por qué estás o no estás de acuerdo?

Generalizaciones

1. Un objeto puede tener poderes[4] mágicos o sobrenaturales.[5]
2. Una escultura puede transformarse en ser humano.[6]
3. La lluvia es un fenómeno atmosférico, espiritual y religioso.
4. A veces no hay explicación lógica para los acontecimientos.[7]

B **Predicción** Con base en las generalizaciones que acabas de leer, ¿de qué crees que se trata el cuento «Chac Mool»?

---

1 impression, opinion **2** insofar as **3** again **4** powers **5** supernatural **6** human being **7** events

Chac Mool

Carlos Fuentes nació en 1928 en la Ciudad de Panamá pero él mismo se considera mexicano. Hijo de un diplomático mexicano, pasó la mayoría de su infancia y adolescencia en distintos países, entre ellos Estados Unidos, Chile y Argentina. Regresó a México en 1944 donde completó sus estudios secundarios y luego su carrera de leyes,[1] en 1949. A Carlos Fuentes no sólo se le considera uno de los más importantes escritores del mundo hispano, sino uno de los más importantes escritores del mundo de las letras. En su obra trata de la identidad y cultura mexicana: incorpora los mitos de los indígenas en la modernidad mexicana, muestra diferentes facetas de la sociedad mexicana y contribuye a debates filosóficos sobre estos temas. Son evidentes estos temas en «Chac Mool» un cuento de su colección *Días enmascarados,* y en *La muerte de Artemio Cruz* (1962), *Cambio de piel* (1967), *Terra Nostra* (1975), *Una familia lejana* (1980) y *Gringo viejo* (1985), entre otras novelas y colecciones de cuentos, ensayos y obras de teatro.

Mientras lees, piensa en las siguientes preguntas:
¿Conoces algún cuento que trate de fenómenos sobrenaturales?
¿Alguna vez has tenido una experiencia que no se puede explicar lógicamente?

El cuento «Chac Mool» comienza en Acapulco, México donde un hombre, Filiberto, murió ahogado[2] hace unos días. Filiberto iba todos los años de vacaciones a Acapulco donde se quedaba en una pensión[3] alemana. Este año salió a nadar a la medianoche y se ahogó. Un señor que era socio[4] y amigo de Filiberto viaja a Acapulco para llevar el ataúd[5] con el cuerpo del difunto[6] a México, la capital. En el camión rumbo[7] a México, el señor encuentra un diario en el cartapacio[8] de Filiberto y se pone a leerlo. Al leer el siguiente fragmento de «Chac Mool», podrás observar claramente las entradas[9] en el diario de Filiberto y las reflexiones de su amigo.
　　[…]

1 study of law　**2** drowned　**3** guest house, lodge　**4** partner, business associate
5 coffin　**6** dead person　**7** heading toward　**8** portfolio　**9** entries

«Pepe conocía mi afición,[1] desde joven, por ciertas formas del arte indígena mexicano. Yo colecciono estatuillas, ídolos, cacharros.[2] Mis fines de semana los paso en Tlaxcala, o en Teotihuacán. Acaso por esto le guste relacionar todas las teorías que elabora para mi consumo con estos temas. Por cierto que busco una réplica razonable del Chac Mool desde hace tiempo, y hoy Pepe me informa de un lugar en la Lagunilla donde venden uno de piedra, y parece que barato. Voy a ir el domingo.

«Un guasón[3] pintó de rojo el agua del garrofón[4] en la oficina, con la consiguiente perturbación de las labores. He debido consignarlo[5] al director, a quién sólo le dio mucha risa.[6] El culpable se ha valido de esta circunstancia para hacer sarcasmos a mis costillas[7] el día entero, todo en torno al agua. ¡Ch…!»

«Hoy, domingo, aproveché para ir a la Lagunilla. Encontré el Chac Mool en la tienducha[8] que me señaló Pepe. Es una pieza preciosa, de tamaño natural, y aunque el marchante[9] asegura su originalidad, lo dudo. La piedra es corriente,[10] pero ello no aminora[11] la elegancia de la postura o lo macizo[12] del bloque. El desleal vendedor le ha embarrado[13] salsa de tomate en la barriga[14] para convencer a los turistas de la autenticidad sangrienta[15] de la escultura.

---

1 fondness, affinity   **2** earthen pots   **3** joker, prankster   **4** large glass pitcher
5 report it/him   **6** made him laugh   **7** at my expense   **8** (run-down, small) store
9 art dealer, merchant   **10** stone is ordinary   **11** does not lessen, reduce   **12** solidity
13 unscrupulous salesperson has spread   **14** belly   **15** bloody

Mientras lees

A. ¿Sobre qué temas hablan Filiberto y su amigo Pepe? ¿Desde cuándo se conocen?

B. ¿Qué busca Filiberto? ¿Dónde va a comprarlo?

C. ¿Cuál fue la broma *(joke)* que gastó el socio de Filiberto? ¿Qué hizo Filiberto? ¿Qué hizo el director? ¿y el bromista?

D. ¿Cómo es la estatua del Chac Mool? ¿Cree Filiberto que es una pieza original? ¿Por qué le puso el vendedor salsa de tomate?

E. ¿Por qué crees que cuesta tanto dinero llevar el Chac Mool a casa?

F. ¿Dónde pone Filiberto el Chac Mool? ¿Dónde lo va a poner después? ¿Por qué?

G. ¿Qué pasa con la tubería de la casa? ¿Por qué hay agua en el sótano?

H. ¿Cómo están las maletas y el Chac Mool ahora, después de que arreglaron la tubería?

I. ¿Qué oye Filiberto durante la noche? ¿Qué cree que es?

J. ¿Cómo está Filiberto? ¿Por qué crees que está así?

«El traslado a la casa me costó más que la adquisición. Pero ya está aquí, por el momento en el sótano[1] mientras reorganizo mi cuarto de trofeos a fin de darle cabida.[2] Estas figuras necesitan sol, vertical y fogoso;[3] ése fue su elemento y condición. Pierde mucho en la obscuridad del sótano, como simple bulto agónico,[4] y su mueca[5] parece reprocharme que le niegue la luz. El comerciante tenía un foco[6] exactamente vertical a la escultura, que recortaba todas las aristas,[7] y le daba una expresión más amable a mi Chac Mool. Habrá que seguir su ejemplo.»

«Amanecí con la tubería[8] descompuesta. Incauto,[9] dejé correr el agua de la cocina, y se desbordó, corrió por el suelo y llegó hasta el sótano, sin que me percatara.[10] El Chac Mool resiste la humedad, pero mis maletas sufrieron; y todo esto, en día de labores,[11] me ha obligado a llegar tarde a la oficina.»

«Vinieron, por fin, a arreglar la tubería. Las maletas, torcidas. Y el Chac Mool, con lama[12] en la base.»

«Desperté a la una; había escuchado un quejido[13] terrible. Pensé en ladrones. Pura imaginación.»

«Los lamentos nocturnos han seguido. No sé a qué atribuirlo, pero estoy nervioso. Para colmo de males, la tubería volvió a descomponerse, y las lluvias se han colado,[14] inundando[15] el sótano.»

. . . .

1 basement　**2** in order to make space for it　**3** fiery hot　**4** dying figure　**5** grimace **6** light bulb　**7** outlined all the edges　**8** plumbing　**9** Careless　**10** without my realizing it　**11** on a workday　**12** mold, moss　**13** moan, groan　**14** have seeped through　**15** flooding

«El plomero[1] no viene, estoy desesperado. Del Departamento del Distrito Federal,[2] más vale no hablar. Es la primera vez que el agua de las lluvias no obedece a las coladeras[3] y viene a dar a mi sótano. Los quejidos han cesado: vaya una cosa por otra.»

«Secaron el sótano, y el Chac Mool está cubierto de lama. Le da un aspecto grotesco, porque toda la masa de la escultura parece padecer de una erisipela[4] verde, salvo los ojos, que han permanecido de piedra. Voy a aprovechar el domingo para raspar el musgo.[5] […]»

«Fui a raspar la lama del Chac Mool con una espátula. El musgo parecía ya parte de la piedra; fue labor de más de una hora, y sólo a las seis de la tarde pude terminar. No era posible distinguir en la penumbra,[6] y al dar fin al trabajo, con la mano seguí los contornos[7] de la piedra. Cada vez que raspaba el bloque parecía reblandecerse.[8] No quise creerlo: era ya casi una pasta. Este mercader de la Lagunilla me ha timado.[9] Su escultura precolombina es puro yeso,[10] y la humedad acabará por arruinarla. Le he puesto encima unos trapos,[11] y mañana la pasaré a la pieza de arriba,[12] antes de que sufra un deterioro total.»

«Los trapos están en el suelo. Increíble. Volví a palpar[13] a Chac Mool. Se ha endurecido,[14] pero no vuelve a la piedra. No quiero escribirlo: hay en el torso algo de la textura de la carne, lo aprieto como goma,[15] siento que algo corre por esa figura recostada…[16] Volví a bajar en la noche. No cabe duda: el Chac Mool tiene vello[17] en los brazos.»

Mientras lees

K. ¿Cómo le llama Filiberto al lugar donde trabaja?

L. ¿Cómo se ve el Chac Mool a causa del agua? ¿De qué color es?

M. ¿Qué hace Filiberto para salvar al Chac Mool de la humedad?

N. ¿Qué textura tiene ahora el Chac Mool? ¿De qué substancia cree Filiberto que está hecho?

O. ¿Cuándo va a sacar al Chac Mool del sótano? ¿Por qué?

P. ¿Dónde estaban los trapos antes? ¿Qué cambios nota Filiberto en la escultura?

Q. ¿Por qué crees que Filiberto volvió a bajar al sótano esa noche? ¿Cómo crees que reaccionó al sentir el vello en los brazos del Chac Mool?

---

1 plumber **2** Mexico City **3** drains, gutters **4** suffer from a skin inflammation
5 scrape the moss off **6** darkness **7** followed the contours **8** to soften
9 swindled me **10** plaster **11** rags **12** room upstairs **13** feel, pat **14** hardened
15 I squeeze him like rubber **16** reclining **17** hair, fuzz

Mientras lees

R. ¿Cómo le va a Filiberto en el trabajo? ¿Qué cree él que debe hacer?

S. Según el narrador, ¿qué le pasa a la letra de Filiberto en esta parte del diario?

T. ¿Qué empieza a cuestionar Filiberto? ¿Qué metáforas usa?

U. ¿Qué símiles usa para la «otra realidad»?

V. ¿Ahora cómo se ve el Chac Mool?

«Esto nunca me había sucedido. Tergiversé[1] los asuntos en la oficina: giré una orden de pago[2] que no estaba autorizada, y el director tuvo que llamarme la atención. Quizá me mostré hasta descortés con los compañeros. Tendré que ver a un médico, saber si es imaginación, o delirio, o qué, y deshacerme[3] de ese maldito Chac Mool.»

Hasta aquí, la escritura de Filiberto era la vieja,[4] la que tantas veces vi en memoranda y formas, ancha y ovalada. La entrada del 25 de agosto, parecía escrita por otra persona. A veces como niño, separando trabajosamente cada letra; otras, nerviosa, hasta diluirse[5] en lo ininteligible. Hay tres días vacíos, y el relato continúa:

«[…] Realidad: cierto día la quebraron en mil pedazos,[6] la cabeza fue a dar allá,[7] la cola aquí, y nosotros no conocemos más que uno de los trozos desprendidos de su gran cuerpo.[8] Océano libre y ficticio, sólo real cuando se le aprisiona en un caracol.[9] Hasta hace tres días, mi realidad lo era al grado de haberse borrado hoy:[10] era movimiento reflejo, rutina, memoria, cartapacio. Y luego, como la tierra que un día tiembla para que recordemos su poder, o la muerte que llegará, recriminando mi olvido[11] de toda la vida, se presenta otra realidad que sabíamos estaba allí, mostrenca,[12] y que debe sacudirnos[13] para hacerse viva y presente.[14] Creía, nuevamente, que era imaginación: el Chac Mool, blando y elegante, había cambiado de color en una noche; amarillo, casi dorado, parecía indicarme que era un Dios, por ahora

---

1 I mixed up **2** I drafted an order for payment **3** get rid of **4** handwriting…was the old one **5** dissolve **6** broke it into a thousand pieces **7** ended up over there **8** broken off from its large body **9** sea shell **10** only real to the extent that it hadn't been erased by today **11** reproaching me for having ignored it **12** wild **13** shake us **14** to make itself come alive and evident

laxo, con las rodillas menos tensas que antes, con la sonrisa más benévola. Y ayer, por fin, un despertar sobresaltado,[1] con esa seguridad espantosa[2] de que hay dos respiraciones en la noche, de que en la obscuridad laten más pulsos que el propio.[3] Sí, se escuchaban pasos en la escalera.[4] Pesadilla.[5] Vuelta a dormir… No sé cuánto tiempo pretendí[6] dormir. Cuando volví a abrir los ojos, aún no amanecía.[7] El cuarto olía a horror, a incienso y sangre. Con la mirada negra, recorrí[8] la recámara,[9] hasta detenerme en dos orificios de luz parpadeante,[10] en dos flámulas[11] crueles y amarillas.

«Casi sin aliento encendí la luz.[12]

«Allí estaba Chac Mool, erguido,[13] sonriente,[14] ocre, con su barriga encarnada. Me paralizaban los dos ojillos, casi bizcos,[15] muy pegados a la nariz triangular. Los dientes inferiores, mordiendo el labio superior, inmóviles; sólo el brillo del casquetón cuadrado[16] sobre la cabeza anormalmente voluminosa, delataba[17] vida. Chac Mool avanzó hacia la cama; entonces empezó a llover.»

Recuerdo que a fines de agosto, Filiberto fue despedido[18] de la Secretaría, con una recriminación pública del director, y rumores de locura y aun robo. Esto no lo creía. Sí vi unos oficios descabellados,[19] preguntando al Oficial Mayor si el agua podía olerse,[20] ofreciendo sus servicios al Secretario de Recursos Hidráulicos para hacer llover en el desierto.

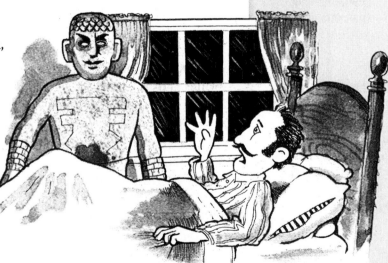

Mientras lees

W. ¿Crees que el Chac Mool aún está en el sótano?

X. ¿Sabe Filiberto si está soñando o si está despierto? ¿Está durmiendo a gusto?

Y. ¿Cómo son los ojos del Chac Mool?

Z. ¿Qué sugiere que Chac Mool está vivo?

AA. ¿Qué pasa cuando Chac Mool avanza hacia la cama?

BB. Según los recuerdos del narrador, ¿por qué fue despedido Filiberto del trabajo?

1 awakening startled 2 frightening certainty 3 more than just one's own heart beating 4 footsteps on the stairs 5 A nightmare. 6 I tried 7 it still wasn't light out 8 Seeing blackness, I scanned 9 bedroom 10 flickering 11 flames 12 Almost without breathing, I turned on the light. 13 upright 14 smiling 15 cross-eyed 16 squarish helmet 17 displayed 18 was fired 19 off-the-wall business letters 20 could be smelled

Mientras lees

CC. ¿Creía el narrador que Filiberto se volvió loco? ¿Cuál fue su explicación?

DD. ¿Es Chac Mool simpático siempre? ¿Qué clase de historias le cuenta a Filiberto?

EE. ¿Por qué fue cruel guardar el Chac Mool en el sótano?

FF. ¿Dónde dormía Chac Mool antes? ¿y ahora?

GG. ¿Por qué crees que Chac Mool inunda la sala? ¿Qué le dice Filiberto?

HH. ¿Es simpático Chac Mool ahora? ¿Qué hace?

No supe qué explicación darme; pensé que las lluvias excepcionalmente fuertes, de ese verano, lo habían enervado. O que alguna depresión moral debía producir la vida en aquel caserón antiguo,[1] con la mitad de los cuartos bajo llave y empolvados, sin criados ni vida de familia. Los apuntes siguientes son de fines de septiembre:

«Chac Mool puede ser simpático cuando quiere…, un glu-glu[2] de agua embelesada…[3] Sabe historias fantásticas sobre los monzones,[4] las lluvias ecuatoriales, el castigo de los desiertos; cada planta arranca de su paternidad mítica: el sauce,[5] su hija descarriada;[6] los lotos,[7] sus mimados; su suegra: el cacto. Lo que no puedo tolerar es el olor, extrahumano, que emana de esa carne que no lo es, de las chanclas[8] flamantes de ancianidad. Con risa estridente, el Chac Mool revela cómo fue descubierto por Le Plongeon,[9] y puesto, físicamente, en contacto con hombres de otros símbolos. Su espíritu ha vivido en el cántaro[10] y la tempestad, natural; otra cosa es su piedra, y haberla arrancado al escondite[11] es artificial y cruel. Creo que nunca lo perdonará el Chac Mool. Él sabe de la inminencia del hecho estético.

«He debido proporcionarle sapolio[12] para que se lave el estómago que el mercader le untó de *ketchup* al creerlo azteca. No pareció gustarle mi pregunta sobre su parentesco con Tláloc,[13] y, cuando se enoja, sus dientes, de por sí repulsivos, se afilan y brillan. Los primeros días, bajó a dormir al sótano; desde ayer, en mi cama.»

[…]

«El Chac Mool inundó hoy la sala. Exasperado, dije que lo iba a devolver a la Lagunilla. Tan terrible como su risilla—horrorosamente distinta a cualquier risa de hombre o animal—fue la bofetada[14] que me dio, con ese brazo cargado de brazaletes pesados. Debo reconocerlo: soy su prisionero. Mi idea original era distinta: yo dominaría al Chac Mool, como se domina a un juguete; era, acaso, una prolongación de mi seguridad infantil; pero la niñez—¿quién lo dijo?—es fruto comido por los años,[15] y yo no me he dado cuenta…Ha tomado mi ropa, y se pone las batas cuando empieza a brotarle[16] musgo verde. El Chac Mool está acostumbrado a que se le obedezca,[17]

---

1 huge old house **2** gurgle **3** enchanted **4** monsoons **5** willow tree
6 gone astray **7** lotus flowers **8** sandals **9** discovered by (a French explorer)
10 heavy rain **11** hidden, enclosed space **12** scouring powder **13** Mexica-Aztec
god of fertility and rain **14** slap **15** a fruit eaten by the years **16** to sprout
17 used to being obeyed

por siempre; yo que nunca he debido mandar, sólo puedo doblegarme.[1] Mientras no llueva—¿y su poder mágico?—vivirá colérico o irritable.»

[…]

«Hoy aprovecharé la excursión nocturna de Chac para huir.[2] Me iré a Acapulco; veremos qué puede hacerse para adquirir trabajo, y esperar la muerte del Chac Mool: sí, se avecina;[3] está canoso, abotagado.[4] Necesito asolearme,[5] nadar, recuperar fuerza. Me quedan cuatrocientos pesos. Iré a la Pensión Müller, que es barata y cómoda. Que se adueñe de[6] todo el Chac Mool: a ver cuánto dura sin mis baldes[7] de agua.»

Aquí termina el diario de Filiberto. No quise volver a pensar en su relato; dormí hasta Cuernavaca. De ahí a México[8] pretendí dar coherencia[9] al escrito, relacionarlo con exceso de trabajo, con algún motivo sicológico. Cuando a las nueve de la noche llegamos a la terminal, aún no podía concebir la locura de mi amigo. Contraté una camioneta[10] para llevar el féretro[11] a casa de Filiberto y desde allí ordenar su entierro.[12]

Antes de que pudiera introducir la llave en la cerradura,[13] la puerta se abrió. Apareció un indio amarillo, en bata de casa,[14] con bufanda. Su aspecto no podía ser más repulsivo; despedía un olor a loción barata; su cara, polveada,[15] quería cubrir las arrugas;[16] tenía la boca embarrada de lápiz labial mal aplicado y el pelo daba la impresión de estar teñido.[17]

—Perdone…, no sabía que Filiberto hubiera…

—No importa, lo sé todo. Dígales a los hombres que lleven el cadáver al sótano.

Mientras lees

II. ¿Por qué crees que Chac Mool se pone la ropa de Filiberto?

JJ. ¿Qué decide hacer Filiberto para escaparse de Chac Mool?

KK. ¿Por qué crees que Filiberto no volvió a escribir en su diario?

LL. ¿Cree el narrador lo que leyó en el diario? ¿Cómo lo explica?

MM. ¿Por qué va el narrador a la casa de Filiberto?

NN. ¿Quién abre la puerta? Describe su aspecto físico.

OO. ¿Adónde van a llevar el cadáver de Filiberto? ¿Te parece irónico?

1 I can only yield   2 to flee   3 it draws near   4 bloated   5 sunbathe   6 Let (him) take possession of   7 buckets   8 Mexico City   9 I tried to make sense of   10 van 11 coffin   12 arrange his burial   13 lock   14 houserobe   15 powdered 16 wrinkles   17 dyed

Después de leer
Actividades

1 Guía de anticipación

Vuelve a leer las generalizaciones de Antes de leer. Busca en la lectura ejemplos que apoyan las generalizaciones. Luego compara las opiniones que tenías antes de leer con las opiniones que tienes ahora. ¿Han cambiado?

2 Sugerencias

Imagina que tú eres amigo de Filiberto y sabes lo que le está pasando. Lee el siguiente trozo del texto y usa las frases a continuación para darle consejos. No te olvides de usar el subjuntivo después de **que.**

> «Esto nunca me había sucedido. Tergiversé los asuntos en la oficina: giré una orden de pago que no estaba autorizada, y el director tuvo que llamarme la atención. Quizá me mostré hasta descortés con los compañeros. Tendré que ver a un médico, saber si es imaginación, o delirio, o qué, y deshacerme de ese maldito Chac Mool».

MODELO   **Es mejor que devuelvas el Chac Mool a la tienda de la Lagunilla.**

1. Te aconsejo que….

2. Sería mala idea….

3. ¿Has pensado en…?

4. Te sugiero que….

3 Las etapas[1] de Chac Mool

Describe a Chac Mool en las siguientes tres etapas:

- escultura de piedra
- escultura con rasgos[2] humanos
- ser humano[3]

....

1 stages   **2** traits   **3** human being

4 Las etapas de Filiberto

Describe a Filiberto desde el punto de vista del narrador y según los apuntes en el cuaderno. Descríbelo en cada una de las siguientes etapas:

- antes de comprar el Chac Mool
- cuando tenía el Chac Mool en el sótano
- cuando pensó que el Chac Mool se había transformado[1] en ser humano

5 El agua y la luz

Con un(a) compañero(a) de clase, vuelve a leer el texto donde se encuentran los siguientes trozos. Luego contesten las preguntas a continuación en dos o tres párrafos.

- «Estas figuras necesitan sol, vertical y fogoso…parece reprocharme que le niegue la luz.»
- «Amanecí con la tubería descompuesta…me ha obligado a llegar tarde a la oficina.»
- «No era posible distinguir en la penumbra…con la mano seguí los contornos de la piedra.»
- «un despertar sobresaltado…de que en la oscuridad laten más pulsos que el propio.»
- «Con la mirada negra…de luz parpadeante, en dos flámulas crueles y amarillas.»
- «Casi sin aliento encendí la luz.»
- «Sí, vi unos oficios descabellados…para hacer llover en el desierto.»
- «Necesito asolearme, nadar, recuperar fuerza.»

¿Qué papel desempeñan el agua y la luz[2] en la vida de Filiberto? ¿Hay algo anormal o sobrenatural del agua y la luz en el cuento?

6 Yo pienso que…

Contesta las siguientes preguntas.

1. ¿Cuál es tu reacción a la transformación de Chac Mool? ¿Crees que Filiberto se volvió loco o que su historia fue verdadera?[3]

2. ¿Qué piensas de la técnica de usar apuntes en un diario para desarrollar la trama[4] del cuento? ¿Puedes pensar en otras maneras de contar un cuento desde la perspectiva de un muerto?

3. ¿Te es aceptable el desenlace[5] del cuento? ¿Cuál crees que fue la intención del autor al terminar el cuento de esa manera?

4. ¿Te gusta este tipo de cuento que mezcla[6] la realidad y la fantasía? ¿Por qué sí o por qué no? ¿Puedes identificar una película o una novela que utiliza la técnica de disolver las fronteras[7] entre la realidad y la fantasía?

. . . .

1 had transformed **2** what role do water and light play **3** true, real **4** plot **5** resolution, denoument
6 mixes **7** boundaries

Un poco más...

Nota cultural

¿Sabías que...? Chac Mool es una representación escultórica[1] que fue descubierta por primera vez en el siglo diecinueve por el explorador francés Augustus Le Plongeon en la antigua ciudad maya Chichén Itzá, en la península de Yucatán. La representación de Chac Mool se puede encontrar en muchas ciudades mayas. La figura aparece recostada[2] con las piernas dobladas[3] y la cabeza volteada[4] hacia el lado; en las manos sostiene un recipiente sobre el vientre.[5] Algunos creen que Chac Mool es el dios maya de la lluvia, un dios muy importante en la región árida del Yucatán. También se ha teorizado[6] que Chac Mool es el mensajero de los dioses y que recibe las ofrendas[7] mayas para los dioses en el recipiente que sostiene. El Chac Mool más famoso es el que se encuentra en el Templo de los Guerreros en Chichén Itzá.

1 sculptural   **2** reclining   **3** legs bent   **4** head turned   **5** holds a container upon its belly
6 it has been theorized   **7** offerings

Investigación por Internet

Con un(a) compañero(a), busca toda la información que puedas encontrar sobre Chac Mool en Internet o en libros y revistas de consulta.[1] Escriban un informe sobre su investigación y preséntenlo a la clase.

Cuento arqueológico

Vas a escribir un cuento fantástico basado en la excavación del Chac Mool en Chichén Itzá. Ten en cuenta[2] el punto de vista de Le Plongeon, el explorador del siglo diecinueve que dirigió la excavación, y los siguientes hechos:[3]

- Le Plongeon, con la ayuda de algunos hombres mayas que pueden leer los jeroglíficos[4] mayas, localiza el lugar donde está enterrado[5] el Chac Mool.
- Después de excavar un hoyo[6] de 24 pies de profundidad,[7] los trabajadores mayas dan con[8] la escultura. La sacan del hoyo profundo con troncos de árboles y con vides gruesas.[9] Pesa varias toneladas.
- La transportan por la selva en una carreta de bueyes[10] hasta Mérida, México.
- En Mérida, le quitan el Chac Mool a Le Plongeon y el gobierno la transporta al Distrito Federal, la capital de México.

Incluye elementos fantásticos que tienen que ver con las creencias[11] de los mayas antiguos en torno al Chac Mool. Usa la información de la Actividad 1 y del cuento de Fuentes. Incluye ilustraciones de tu propia creación, fotocopias y collages. ¡Desafía[12] los límites de la vida que conoces!

. . . .

1 reference   **2** take into account   **3** facts   **4** hieroglyphics   **5** buried   **6** hole   **7** deep   **8** find, uncover
9 thick vines   **10** ox cart   **11** beliefs   **12** Challenge

El amor

El amor[1] es un sentimiento universal que cruza las fronteras del espacio, del tiempo y de la muerte. Algunos dicen que es la razón por la cual[2] existimos. Otros lo desdeñan.[3] Aunque es algo intrínsecamente indefinible, los poetas y los escritores desde el principio del tiempo han tratado de poner en palabras ese sentimiento que es distinto para cada persona que lo siente.

Vas a leer varios textos que tratan del amor:

¿Qué piensas del amor? ¿Lo has experimentado alguna vez?[4]

---

1 love   **2** the reason for which   **3** scorn it, spurn it   **4** Have you ever experienced it?

Capítulo

7

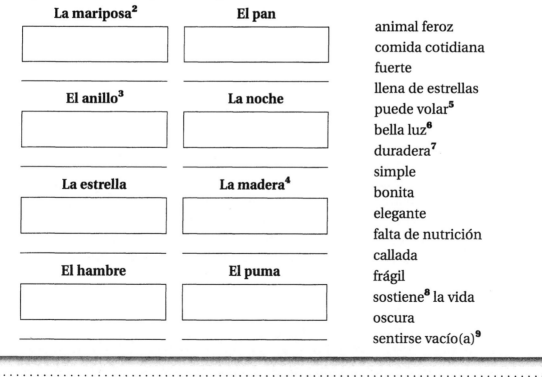

Antes de leer

Dos poemas de Pablo Neruda

Estrategia

Pistas logográficas A veces los escritores, en particular los poetas, usan imágenes para expresar ideas o sentimientos. Es un recurso valioso[1] para expresar mucho en pocas palabras. Hacer dibujos de las imágenes de un texto ayuda al lector a interpretar el significado de los símbolos que ha utilizado el escritor.

Actividad

Asociaciones Haz un dibujo sencillo en una hoja aparte para ilustrar los objetos y temas ilustrados. Luego, escoge las palabras o frases que mejor corresponden a cada dibujo. Escríbelas debajo del dibujo.

La mariposa[2]

El pan

El anillo[3]

La noche

La estrella

La madera[4]

El hambre

El puma

animal feroz
comida cotidiana
fuerte
llena de estrellas
puede volar[5]
bella luz[6]
duradera[7]
simple
bonita
elegante
falta de nutrición
callada
frágil
sostiene[8] la vida
oscura
sentirse vacío(a)[9]

---

1 valuable device   **2** butterfly   **3** ring   **4** wood   **5** can fly   **6** beautiful light   **7** lasting, enduring
8 supports, sustains   **9** empty

A Matilda Urrutia

Pablo Neruda (1904–1973) nació Ricardo Neftalí Reyes Basoalto en Parral, Chile. Poco después murió su madre, así que padre e hijo se trasladaron a Temuco. En Temuco, la poeta Gabriela Mistral lo introdujo a la literatura de los grandes novelistas rusos.[1] Adoptó el seudónimo de Pablo Neruda desde joven, al publicar su poesía en los periódicos, para que su padre no se enterara[2] que escribía poesía. En 1921 se trasladó a Santiago de Chile y cursó[3] en la Universidad. En 1923 publicó *Veinte poemas de amor y una canción desesperada*, la cual incluye su famoso «Poema 15». De 1927 a 1932 desempeñó cargos[4] en varios consulados chilenos en el lejano Oriente.[5] Su participación política anti-fascista se desarrolló en Madrid y en París durante los años de la guerra civil española. En 1939 compró casa en Isla Negra, Chile con intenciones de aislarse[6] y escribir, pero siguió viajando por todo el mundo y participando en la política chilena. En 1959 le dedicó a su esposa Matilde Urrutia *Cien sonetos de amor*. En 1970 participó en la campaña exitosa del presidente Salvador Allende. Fue galardonado[7] el Premio Nobel de Literatura en 1971, dos años antes de su muerte. Murió pocos días después del golpe de estado[8] chileno que derrocó[9] al presidente Allende.

Mientras lees, piensa en las siguientes preguntas:

¿Es posible describir el amor y la belleza?

¿Has escrito un poema alguna vez?

A. ¿Sufrió el poeta al escribir los sonetos? ¿Cuándo sintió alegría?

B. ¿Como dice que suenan los poemas de otros poetas?

*Pablo Neruda le dedicó a su esposa, Matilde Urrutia, la siguiente introducción a sus **100 Sonetos de amor**.*

Señora mía muy amada, gran padecimiento[10] tuve al escribirte estos mal llamados sonetos y harto[11] me dolieron y costaron, pero la alegría de ofrecértelos es mayor que una pradera.[12] Al proponérmelo bien sabía que al costado[13] de cada uno, por afición[14] electiva y elegancia, los poetas de todo tiempo dispusieron[15] rimas que sonaron como platería,[16] cristal o cañonazo.[17]

---

1 Russian   **2** would not discover   **3** studied   **4** held jobs   **5** Far East   **6** isolating himself   **7** was awarded   **8** *coup d'etat* (overthrow of a government)   **9** overthrew   **10** pain, suffering   **11** greatly   **12** greater than a prairie/plains   **13** beside   **14** fondness   **15** set forth, prepared   **16** silverware   **17** cannon-shot, buckshot

Yo, con mucha humildad, hice estos sonetos de madera,[1] les di el sonido de esta opaca y pura substancia y así deben llegar a tus oídos. Tú y yo caminando por bosques y arenales,[2] por lagos perdidos, por cenicientas latitudes,[3] recogimos fragmentos de palo puro, de maderos sometidos al vaivén[4] del agua y la intemperie.[5] De tales suavizadísimos vestigios construí, con hacha,[6] cuchillo, cortaplumas,[7] estas madererías[8] de amor y edifiqué pequeñas casas de catorce tablas[9] para que en ellas vivan tus ojos que adoro y canto. Así establecidas mis razones de amor te entrego esta centuria:[10] sonetos de madera que sólo se levantaron porque tú les diste vida.

Mientras lees

C. ¿Qué substancia dice que usó para hacer sus sonetos?

D. ¿Qué herramientas (tools) usó para construir los sonetos?

E. ¿A qué compara el poeta los sonetos terminados?

F. Cuenta el número de versos (lines) en el soneto que sigue (Soneto XI). ¿Cuántos hay? ¿Cuántas tablas dice el poeta que usó para edificar las pequeñas casas? ¿Qué puedes concluir?

1 wood   2 barren, sandy areas   3 ashen zones   4 ebb and flow   5 the elements, the weather   6 ax, hachet   7 penknife   8 woodwork   9 boards   10 group of 100

A. ¿Está presente la amada del poeta? ¿Qué siente el poeta?

B. ¿El pan le satisface el hambre? ¿Por qué sí o por qué no?

C. ¿Cómo lo hace sentir el alba? ¿Qué busca en el día?

D. En la segunda estrofa *(stanza)*, ¿de qué cosas dice el poeta que está hambriento?

E. ¿Qué parte de la amada describe el poeta en la tercera estrofa?

F. Al final, ¿a qué se compara el poeta?

Soneto XI

TENGO hambre de tu boca, de tu voz, de tu pelo,
y por las calles voy sin nutrirme,[1] callado,
no me sostiene el pan, el alba[2] me desquicia,[3]
busco el sonido líquido de tus pies en el día.

Estoy hambriento de tu risa resbalada,[4]
de tus manos color de furioso granero,[5]
tengo hambre de la pálida piedra de tus uñas,[6]
quiero comer tu piel como una intacta almendra.[7]

Quiero comer el rayo quemado en tu hermosura,[8]
la nariz soberana[9] del arrogante rostro,[10]
quiero comer la sombra fugaz de tus pestañas[11]

y hambriento vengo y voy olfateando[12] el crepúsculo[13]
buscándote, buscando tu corazón caliente
como un puma en la soledad de Quitratúe.[14]

1 feeding/nourishing myself   2 daybreak   3 drives me mad   4 your trickling laughter
5 granary   6 the pale stone of your fingernails   7 almond   8 burnt by your beauty
9 sovereign, haughty   10 face   11 fleeting shadow of your eyelashes   12 sniffing
13 twilight, dusk   14 city in south-central Chile (near Temuco)

Poema 15

Me gustas cuando callas[1] porque estás como ausente,[2]
y me oyes desde lejos, y mi voz no te toca.
Parece que los ojos se te hubieran volado[3]
y parece que un beso te cerrara[4] la boca.

Como todas las cosas están llenas de mi alma[5]
emerges de las cosas, llena del alma mía.
Mariposa[6] de sueño, te pareces a mi alma,
y te pareces a la palabra melancolía.

Me gustas cuando callas y estás como distante.
Y estás como quejándote,[7] mariposa en arrullo.[8]
Y me oyes desde lejos, y mi voz no te alcanza;[9]
Déjame que me calle con el silencio tuyo.

Déjame que te hable también con tu silencio
claro como una lámpara, simple como un anillo.[10]
Eres como la noche, callada y constelada.[11]
Tu silencio es de estrella, tan lejano[12] y sencillo.

Me gustas cuando callas porque estás como ausente.
Distante y dolorosa[13] como si hubieras muerto.[14]
Una palabra entonces, una sonrisa bastan.[15]
Y estoy alegre, alegre de que no sea cierto.

---

1 you're silent   2 as if absent   3 would have flown from you   4 a kiss would close
5 soul, spirit   6 butterfly   7 complaining   8 whispering, crooning   9 reach you
10 ring   11 starry   12 far away, distant   13 painful, sorrowful   14 as though you
had died   15 are enough, suffice

Mientras lees

A. ¿Cuándo le gusta la amada al poeta?

B. ¿Por qué crees que ella oye desde lejos al poeta cuando él le habla de cerca?

C. ¿Cómo se le ven los ojos a la amada? ¿Tiene ella la boca abierta o cerrada?

D. En la segunda estrofa, ¿a qué dos cosas dice el poeta que se parece la amada? ¿Cómo le llama?

E. ¿Cómo son las mariposas del poema?

F. En la cuarta estrofa, ¿a qué tres cosas compara el silencio de la amada? ¿En qué se parece la amada a esas cosas?

G. ¿Por qué es la amada como la noche? ¿Son todas las noches así?

H. En la última estrofa, ¿a qué compara la ausencia y el silencio de la amada? ¿Por qué le es dolorosa esta condición al poeta?

I. ¿Quién sonríe y habla? ¿Qué efecto tiene la sonrisa y la palabra en el poeta? ¿Por qué?

Después de leer

Actividades

1 Las imágenes

Escoge dos de los dibujos que hiciste para la sección Antes de leer. Estudia el uso de esas dos imágenes en la introducción y los poemas de Neruda que acabas de leer. Luego, explica en un párrafo cuál fue la intención del poeta al usar esos objetos o conceptos para describir su sentimiento.

2 El camino del amor y de la amistad

¿Has tenido un amigo o una amiga íntima, alguien que conoces bien y que te conoce bien a ti? Cada relación amistosa o amorosa experimenta[1] momentos de incertidumbre,[2] de lealtad,[3] de soledad,[4] de compañerismo,[5] de aburrimiento[6] y de fuerte emoción. Lee las siguientes metáforas de «**A Matilde Urrutia**». Imagina que te encuentras en esos lugares con un ser muy querido.[7] Describe lo que sienten y lo que hacen, y cómo es el lugar.

Tú y yo caminando por...

1. bosques
2. arenales
3. lagos perdidos
4. cenicientas latitudes

3 A mi amado, A mi amada

Imagina que has escrito una colección de poemas para alguien que amas y que ahora vas a escribir una introducción a la colección. Estudia la introducción de Neruda: él describe sus sonetos como pequeñas casas de madera. ¿Qué substancia usarías tú para describir tus poemas? ¡Sé creativo(a)!

4 La belleza y el amor

¿Has experimentado algo tan bello[8] que se quedó grabado[9] en tu memoria? Piensa en cómo era y en cómo te sentías mientras lo experimentabas y después. Usa metáforas y comparaciones para describir tu experiencia.

MODELO   **Escuché una bella canción de mi cantante favorita. Su voz se vestía de seda. La orquesta tocaba como las cataratas del Niágara. Yo sentía que me limpiaba de los ruidos feos. Cuando terminó la canción, me llené de silencio.**

---

1 experiences   **2** uncertainty, doubt   **3** loyalty   **4** solitude, loneliness   **5** companionship   **6** boredom
7 loved one   **8** so beautiful   **9** was left imprinted

5 ▸ Organizador de poemas

Organiza tus pensamientos sobre los poemas de Neruda. En una hoja aparte, completa el cuadro para ordenar tus pensamientos sobre los poemas.

	Soneto XI	Poema 15
Las palabras o frases que describen a la amada		
Las palabras o frases que describen al poeta		
Los verbos más importantes		
Las imágenes más efectivas		

6 ▸ Interpretaciones

Escoge cuatro versos de los poemas de Pablo Neruda y escribe tu interpretación de cada uno en una hoja aparte.

MODELO   **Verso:** «Tengo hambre de tu boca, de tu voz, de tu pelo,»

       Interpretación: El poeta quiere estar con su amada. Hace tiempo que no la ve y por eso tiene hambre. Quiere besar[1] la boca de su amada y escuchar su voz. Quiere mirar su pelo largo y hermoso. Es un hambre de amor.

7 ▸ Yo pienso que...

1. Según Neruda, ¿cómo son diferentes los sonetos que escriben otros poetas de los sonetos que escribió él a Matilde Urrutia? ¿En dónde y con quién dice Neruda que encontró «la madera» para escribir los sonetos? ¿Qué cualidades tiene esa «madera»?

2. Lo que es concreto y palpable[2] es algo que se puede tocar. A veces los sentimientos son tan fuertes que parecen palpables. ¿Cómo expresa Neruda lo palpable y lo concreto del hambre en su «Soneto XI»?

3. La ausencia es un tema importante del «Soneto XI» y del «Poema 15». ¿Cómo es diferente la ausencia de la amada en los dos poemas mencionados? ¿Cuál da la impresión más fuerte de una ausencia concreta y cuál de una ausencia metafísica?[3]

4. ¿Cuál de los poemas te gustó más? ¿Por qué?

---

1 to kiss   **2** tangible, can be touched   **3** metaphysical, intangible

Un poco más...

1 Las metáforas

Muchas de las ideas profundas de los poetas se expresan por medio de la metáfora o del símil. A veces los refranes emplean comparaciones también:

La vejez[1] es una hoja de otoño:[2] digna[3] y colorida; seca y frágil.

Las lágrimas[4] son como cortinas[5] que no dejan ver el camino.

El beso es la fusión de dos fantasías.

Ahora te toca a ti expresar los siguientes conceptos por medio de las metáforas entre paréntesis. Sugerencia: piensa en una descripción de la metáfora que también se aplica al concepto.

1. el amor (flor con espinas)[6]
2. el arte (un espejo)
3. la soledad (el desierto)
4. la amistad (un puente)[7]
5. el destino (caminos)
6. el trabajo (una competencia deportiva)

2 ¡Yo soy poeta!

Ahora tú vas a escribir un poema sobre el amor. Recuerda que hay muchos tipos de amor: hacia la pareja,[8] la familia, los amigos, los mascotas, los pasatiempos, la naturaleza. Antes de empezar, contesta lo siguiente:

- ¿Sobre qué o quién voy a escribir mi poema de amor?
- ¿Qué imagen o imágenes quiero usar para ilustrar mis sentimientos?
- ¿Cuántos versos y cuántas estrofas quiero escribir?
- ¿Cuál es el sentimiento que quiero expresar?
- ¿Qué adjetivos, verbos o palabras o frases quiero usar?
- ¿Quiero usar rima[9] o verso libre?[10]

Ahora, escribe el primer borrador[11] de tu poema. Después de leerlo varias veces, decide qué te gusta y qué no te gusta y haz los cambios necesarios.

. . . .

1 old age **2** autumn leaf **3** dignified **4** tears **5** curtains **6** thorns **7** bridge **8** (romantic) partner
9 rhyme **10** free verse (doesn't rhyme) **11** first draft

Capítulo 8
Enero: tortas de
navidad (de *Como
agua para
chocolate*) 62

Capítulo

8 *Antes de leer*
Enero: tortas de navidad

Estrategia Un té[1] Para esta estrategia, que se debe hacer en grupo, cada persona recibe una tarjeta[2] que contiene una cita[3] del texto que se va a leer. Cada persona le lee su cita a otra persona y finalmente todo el grupo se reune para analizar el significado de las citas, pensar en como se relacionan las unas con las otras[4] y hacer predicciones sobre el contenido del texto.

Actividades

A **Los preparativos** En grupos de cinco, escriban las siguientes citas de «Enero: tortas de navidad» en cinco tarjetas diferentes. Luego, escojan una tarjeta cada uno(a) y léanla en silencio.

1. «Pues más vale que le informes[5] que si es para pedir tu mano, no lo haga.[6] Perdería su tiempo y me haría perder el mío. Sabes muy bien que por ser la más chica de las mujeres a ti te corresponde cuidarme hasta el día de mi muerte».

2. «¡Tú no opinas nada y se acabó![7] Nunca, por generaciones, nadie en mi familia ha protestado ante esta costumbre y no va a ser una de mis hijas quien lo haga».[8]

3. «Es más, quería saber, ¿cuáles fueron las investigaciones que se llevaron a cabo[9] para concluir que la hija menor era la más indicada para velar por[10] su madre y no la hija mayor?»

4. «¿Por qué hiciste esto Pedro? Quedamos en ridículo[11] aceptando la boda con Rosaura. ¿Dónde quedó pues el amor que le juraste a Tita? ¿Qué no tienes palabra?»[12]

5. «Claro que la tengo, pero si a usted le negaran[13] de una manera rotunda casarse con la mujer que ama[14] y la única salida que le dejaran para estar cerca de ella fuera la de casarse con la hermana, ¿no tomaría la misma decisión que yo?»

B **El té** Ahora, léanse las citas de los personajes del cuento. Imaginen cómo son los personajes y qué les acontece.[15] Luego contesten las siguientes preguntas.

1. Basándose en todas las citas, ¿de qué creen que va a tratar el cuento? Escriban por lo menos tres predicciones cada uno.

2. ¿Tienen algunas preguntas sobre las citas? Escriban por lo menos tres de sus preguntas cada uno.

- -

1 tea party   **2** (index) card   **3** quote   **4** how they are related   **5** you'd better inform him   **6** he'd better not do it   **7** and that's final   **8** who does it   **9** were conducted   **10** care for   **11** looked like fools
12 Are you not a man of your word?   **13** if they refused to let you   **14** whom you love   **15** happens to them

Enero: tortas de navidad
(de *Como agua para chocolate*)

Laura Esquivel nació en la ciudad de México en 1950. Comenzó su vida profesional de maestra y se dedicó a la educación de los niños, escribiendo teatro infantil para luego fundar[1] un Taller de Teatro y Literatura Infantil. Trabajó de guionista[2] para el cine y la televisión: la Academia Mexicana de Ciencias y Artes Cinematográficas nominó su guión de *Chido Guan* para el premio Ariel. Sin embargo, fue *Como agua para chocolate* (1989) la obra que le ganó más éxito y que llegó a ser el libro de mayor venta[3] en México en 1990. En 1992 la novela se llevó al cine, el guión escrito por Esquivel, y ganó once Premios Ariel, además de convertirse en éxito internacional. Algunas de sus obras más recientes son *La ley del amor* (1995) y *Tan veloz como el deseo* (2001).

Mientras lees, piensa en las siguientes preguntas:
¿Hay tradiciones en tu familia con las que no estás de acuerdo?
¿Qué piensas de los matrimonios que no tienen nada que ver con el amor?

A. ¿Quiénes están sentadas en la mesa? ¿Qué están haciendo?

B. ¿Quién decide cuándo han terminado de preparar el chorizo?

C. ¿Qué hacen las mujeres cuando han terminado?

D. ¿Qué le dice Tita a su mamá?

[…]

En el rancho de Mamá Elena la preparación del chorizo[4] era todo un rito. Con un día de anticipación se tenían que empezar a pelar ajos,[5] limpiar chiles y a moler especias.[6] Todas las mujeres de la familia tenían que participar: Mamá Elena, sus hijas Gertrudis, Rosaura y Tita, Nacha la cocinera y Chencha la sirvienta. Se sentaban por las tardes en la mesa del comedor y entre pláticas y bromas[7] el tiempo se iba volando hasta que empezaba a oscurecer. Entonces Mamá Elena decía:

—Por hoy ya terminamos con esto.

Dicen que al buen entendedor pocas palabras,[8] así que después de escuchar esta frase todas sabían qué era lo que tenían que hacer. Primero recogían la mesa y después se repartían las labores:[9] una metía a las gallinas, otra sacaba agua del pozo y la dejaba lista para utilizarla en el desayuno y otra se encargaba de la leña para la estufa.[10] Ese día ni se planchaba ni se bordaba ni se cosía ropa.[11] Después todas se iban a sus recámaras[12] a leer, rezar y dormir. Una de esas tardes, antes de que Mamá Elena dijera que ya se podían levantar de la mesa,[13] Tita, que entonces contaba con quince años, le anunció con voz temblorosa que Pedro Muzquiz quería venir a hablar con ella…

....

1 to found   **2** scriptwriter   **3** best-selling   **4** sausage   **5** to peel garlic   **6** to grind spices   **7** chatting and joking   **8** a word to the wise is enough   **9** chores were split up **10** firewood for the stove   **11** no ironing, no embroidering, nor any sewing was done **12** bedrooms   **13** could say that they were excused from the table

—¿Y de qué me tiene que venir a hablar ese señor?

Dijo Mamá Elena luego de un silencio interminable que encogió el alma[1] de Tita.

Con voz apenas perceptible respondió:

—Yo no sé.

Mamá Elena le lanzó una mirada[2] que para Tita encerraba todos los años de represión que habían flotado sobre la familia y dijo:

—Pues más vale que le informes[3] que si es para pedir tu mano, no lo haga.[4] Perdería su tiempo y me haría perder el mío. Sabes muy bien que por ser la más chica[5] de las mujeres a ti te corresponde[6] cuidarme hasta el día de mi muerte.

Dicho esto,[7] Mamá Elena se puso lentamente de pie, guardó sus lentes dentro del delantal[8] y a manera de orden final repitió.

—¡Por hoy, hemos terminado con esto!

Tita sabía que dentro de las normas[9] de comunicación de la casa no estaba incluido el diálogo, pero aun así, por primera vez en su vida intentó protestar a un mandato de su madre.

—Pero es que yo opino que…

—¡Tú no opinas nada y se acabó![10] Nunca, por generaciones, nadie en mi familia ha protestado ante esta costumbre y no va a ser una de mis hijas quien lo haga.

Tita bajó[11] la cabeza y con la misma fuerza con que sus lágrimas[12] cayeron sobre la mesa, así cayó sobre ella su destino.

1 put fear in her heart   **2** shot her a look   **3** you'd better inform him   **4** he'd better not do it   **5** the youngest   **6** it's your job to   **7** This said   **8** put her glasses away in her apron   **9** rules   **10** and that's final   **11** lowered   **12** tears

Mientras lees

G. ¿Está de acuerdo Tita con esa tradición? ¿Qué quiere preguntarle a su mamá?

H. ¿Trata de razonar *(reason)* con su mamá? ¿Por qué sí o por qué no?

I. ¿Se enoja la mamá con Tita? ¿Por cuánto tiempo no le habla?

J. ¿Quién se presenta en casa de Mamá Elena? ¿Para qué?

Y desde ese momento supieron ella y la mesa que no podían modificar ni tantito la dirección de estas fuerzas desconocidas que las obligaban, a la una, a compartir con Tita su sino,[1] recibiendo sus amargas lágrimas desde el momento en que nació, y a la otra a asumir esta absurda determinación.[2]

Sin embargo, Tita no estaba conforme. Una gran cantidad de dudas e inquietudes acudían a su mente.[3] Por ejemplo, le agradaría tener conocimiento de[4] quién había iniciado esta tradición familiar. Sería bueno hacerle saber a esta ingeniosa persona que en su perfecto plan para asegurar la vejez[5] de las mujeres había una ligera falla.[6] Si Tita no podía casarse ni tener hijos, ¿quién la cuidaría entonces al llegar a la senectud?[7] ¿Cuál era la solución acertada en estos casos? ¿O es que no se esperaba[8] que las hijas que se quedaban a cuidar a sus madres sobrevivieran mucho tiempo después del fallecimiento[9] de sus progenitoras? ¿Y dónde se quedaban las mujeres que se casaban y no podían tener hijos, quién se encargaría de atenderlas?[10] Es más, quería saber, ¿cuáles fueron las investigaciones que se llevaron a cabo para concluir que la hija menor era la más indicada para velar por su madre y no la hija mayor? ¿Se había tomado alguna vez en cuenta la opinión de las hijas afectadas? ¿Le estaba permitido al menos, si es que no se podía casar, el conocer el amor? ¿O ni siquiera[11] eso?

Tita sabía muy bien que todas estas interrogantes tenían que pasar irremediablemente a formar parte del archivo de preguntas sin respuesta. En la familia De la Garza se obedecía y punto.[12] Mamá Elena, ignorándola por completo, salió muy enojada de la cocina y por una semana no le dirigió la palabra.

[...pasa una semana, y Tita hace las paces con Mamá Elena...]

[...]al día siguiente se presentó en casa Pedro Muzquiz acompañado de su señor padre con la intención de pedir la mano de Tita. Su presencia en la casa causó gran desconcierto. No esperaban su visita. Días antes, Tita le había mandado a Pedro un recado con el hermano de Nacha pidiéndole que desistiera[13] de sus propósitos. Aquél juró[14] que se lo había entregado a don Pedro,

---

1 that obliged one (the table) to share with Tita her fate   **2** and the other (Tita) to accept this absurd decision   **3** gathered in her mind, came to her   **4** she'd like to know **5** to insure the old age   **6** a slight flaw   **7** old age   **8** was it not expected   **9** would survive much longer after the death   **10** who would take charge of caring for them **11** not even   **12** one obeyed, period   **13** to give up on   **14** (he) swore

pero el caso es que ellos se presentaron en la casa. Mamá Elena los recibió en la sala, se comportó muy amable y les explicó la razón por la que Tita no se podía casar.

—Claro que si lo que les interesa es que Pedro se case, pongo a su consideración a mi hija Rosaura, sólo dos años mayor que Tita, pero está plenamente disponible[1] y preparada para el matrimonio…

Mientras lees

K. ¿Cómo se comporta Mamá Elena? ¿Qué les explica a Pedro y su padre?

L. ¿La mano de quién le ofrece Mamá Elena a Pedro?

M. ¿Quién va a la cocina a decirles a las hermanas lo que ha sugerido Mamá Elena? ¿Qué hacían las hermanas en la cocina?

Al escuchar estas palabras, Chencha por poco tira encima[2] de Mamá Elena la charola[3] con café y galletas que había llevado a la sala para agasajar[4] a don Pascual y a su hijo. Disculpándose, se retiró apresuradamente[5] hacia la cocina, donde la estaban esperando Tita, Rosaura y Gertrudis para que les diera un informe detallado de lo que acontecía en la sala. Entró atropelladamente[6] y todas suspendieron de inmediato sus labores para no perderse una sola de sus palabras.[7]

----

1 completely available   **2** just about dumped on   **3** the tray   **4** to entertain, to fete   **5** hastily   **6** stumbling over herself, hurriedly   **7** so as not to miss a single word

Mientras lees

N. ¿Por qué van a preparar torta de navidad en septiembre? ¿Cuántos años tiene Tita?

O. ¿Le pidió Pedro un plato de enchiladas a Mamá Elena? ¿Qué le pidió?

P. ¿Cree Tita las noticias de Chencha? Según Tita, ¿cómo es Chencha?

Q. ¿Qué sintió Tita cuando Mamá Elena confirmó las noticias de Chencha?

R. ¿Se sintió mejor Tita después de oír lo que escuchó Nacha?

S. ¿Qué hace Nacha para escuchar la conversación entre don Pascual y Pedro?

Se encontraban ahí reunidas con el propósito de preparar tortas de navidad. Como su nombre lo indica, estas tortas se elaboran[1] durante la época navideña, pero en esta ocasión las estaban haciendo para festejar el cumpleaños de Tita. El 30 de septiembre cumpliría 16 años[2] y quería celebrarlos comiendo uno de sus platillos favoritos.

—¿Ay sí, no? ¡Su 'amá[3] habla d'estar preparada para el matrimoño, como si juera[4] un plato de enchiladas! ¡Y ni ansina, porque pos no es lo mismo que lo mesmo! ¡Uno no puede cambiar unos tacos por unas enchiladas así como así!

Chencha no paraba de hacer este tipo de comentarios mientras les narraba, a su manera, claro, la escena que acababa de presenciar. Tita conocía lo exagerada y mentirosa que podía ser[5] Chencha, por lo que no dejó que la angustia se apoderara de ella.[6] Se negaba a aceptar como cierto lo que acababa de escuchar. Fingiendo serenidad,[7] siguió partiendo las teleras,[8] para que sus hermanas y Nacha se encargaran de rellenarlas.

De preferencia las teleras deben ser horneadas en casa. Pero si no se puede lo más conveniente es encargar en la panadería unas teleras pequeñas, pues las grandes no funcionan adecuadamente para esta receta. Después de rellenarlas se meten 10 minutos al horno y se sirven calientes. Lo ideal es dejarlas al sereno[9] toda una noche envueltas en una tela, para que el pan se impregne con la grasa del chorizo.

Cuando Tita estaba acabando de envolver[10] las tortas que comerían al día siguiente, entró en la cocina Mamá Elena para informarles que había aceptado que Pedro se casara, pero con Rosaura.

Al escuchar la confirmación de la noticia, Tita sintió como si el invierno le hubiera entrado al cuerpo de golpe y porrazo:[11] era tal el frío y tan seco que le quemó las mejillas y se las puso rojas, rojas, como el color de las manzanas que tenía frente a ella. Este frío sobrecogedor[12] la habría de acompañar por mucho tiempo sin que nada lo pudiera atenuar,[13] ni tan siquiera cuando Nacha le contó lo que había escuchado cuando acompañaba a don Pascual Muzquiz y a su hijo hasta la entrada del rancho. Nacha caminaba por delante, tratando de aminorar el paso[14] para escuchar mejor la

---

1 are made, prepared **2** would turn 16 **3** mom **4** as if it were **5** prone to lying
6 didn't let herself be overcome by anguish **7** pretending to be calm **8** oval-shaped
bread **9** in the night air **10** was finishing wrapping **11** as if winter had hit her
suddenly in one blow **12** overwhelming **13** could diminish it **14** slow her steps

e hijo. Don Pascual y Pedro
caminaban lentamente
y hablaban en voz baja,
reprimida por el enojo.[1]

—¿Por qué
hiciste esto Pedro?
Quedamos
en ridículo
aceptando la
boda con Rosaura.
¿Dónde quedó
pues el amor que
le juraste[2] a Tita? ¿Qué no tienes palabra?

—Claro que la tengo, pero si a usted le negaran de una manera
rotunda[3] casarse con la mujer que ama y la única salida que le
dejaran para estar cerca de ella fuera la de casarse con la hermana,
¿no tomaría la misma decisión que yo?

Nacha no alcanzó a escuchar la respuesta porque el *Pulque,* el
perro del rancho, salió corriendo, ladrándole[4] a un conejo al que
confundió con un gato.

—Entonces, ¿te vas a casar sin sentir amor?

—No, papá, me caso sintiendo un inmenso e imperecedero[5]
amor por Tita.

Las voces se hacían cada vez menos[6] perceptibles pues eran
apagadas[7] por el ruido que hacían los zapatos al pisar las hojas
secas. Fue extraño que Nacha, que para entonces estaba más
sorda,[8] dijera haber escuchado la conversación. Tita igual le
agradeció que se lo hubiera contado[9] pero esto no modificó la
actitud de frío respeto que desde entonces tomó para con Pedro.
Dicen que el sordo no oye, pero compone.[10] Tal vez Nacha sólo
escuchó las palabras que todos callaron. Esa noche fue imposible
que Tita conciliara el sueño;[11] no sabía explicar lo que sentía.
Lástima que en aquella época no se hubieran descubierto los hoyos
negros[12] en el espacio porque entonces le hubiera sido muy fácil
comprender que sentía un hoyo negro en medio del pecho, por
donde se le colaba[13] un frío infinito.

. . . .

1 in a low voice, restrained by anger   **2** swore, promised   **3** soundly rejected
4 barking   **5** everlasting   **6** less and less   **7** drowned out   **8** deaf
9 was grateful that she had told her   **10** invents, pieces together   **11** fall asleep
12 black holes had not been discovered   **13** poured into

Mientras lees

T. ¿Por qué está enojado
don Pascual con
Pedro?

U. ¿Cómo justifica Pedro
su decisión de
matrimonio?

V. ¿Qué actitud tuvo Tita
hacia Pedro después
de escuchar a Nacha?

Mientras lees

w. ¿De qué se acuerda Tita? ¿Qué día era?

Cada vez que cerraba los ojos podía revivir muy claramente las escenas de aquella noche de navidad, un año atrás, en que Pedro y su familia habían sido invitados por primera vez a cenar en su casa y el frío se le agudizaba.[1] […]

Nunca olvidaría el roce accidental[2] de sus manos cuando ambos trataron torpemente de tomar la misma charola al mismo tiempo.

Fue entonces cuando Pedro le confesó su amor.

—Señorita Tita, quisiera aprovechar la oportunidad de poder hablarle a solas[3] para decirle que estoy profundamente enamorado de[4] usted. Sé que esta declaración es atrevida y precipitada,[5] pero es tan difícil acercársele[6] que tomé la decisión de hacerlo esta misma noche. Sólo le pido que me diga si puedo aspirar a su amor.

x. Al principio, ¿admite Tita su amor por Pedro? Al final, ¿lo admite?

—No sé qué responderle; deme[7] tiempo para pensar.

—No, no podría,[8] necesito una respuesta en este momento: el amor no se piensa: se siente o no se siente. Yo soy hombre de pocas, pero muy firmes palabras. Le juro que tendrá mi amor por siempre. ¿Qué hay del suyo? ¿Usted también lo siente por mí?

—¡Sí!

y. ¿Por qué piensa Tita que tiene que renunciar a Pedro ahora? ¿Hace cuántos meses se profesaron su amor?

Sí, sí, y mil veces sí. Lo amó desde esa noche para siempre. Pero ahora tenía que renunciar a él.[9] No era decente desear al futuro esposo de una hermana. Tenía que tratar de ahuyentarlo[10] de su mente de alguna manera para poder dormir.

1 intensified   2 accidental brushing   3 alone   4 in love with   5 bold and sudden
6 to approach you   7 give me   8 I couldn't   9 to give him up   10 to banish him

Intentó comer la torta de navidad que Nacha le había dejado sobre su buró,[1] junto con un vaso de leche. En muchas otras ocasiones le había dado excelentes resultados. Nacha, con su gran experiencia, sabía que para Tita no había pena alguna que no lograra desaparecer[2] mientras comía una deliciosa torta de navidad. Pero no en esta ocasión. El vacío[3] que sentía en el estómago no se alivió. Por el contrario, una sensación de náusea la invadió. Descubrió que el hueco[4] no era de hambre; más bien se trataba de una álgida sensación dolorosa.[5] Era necesario deshacerse de este molesto frío. Como primera medida se cubrió con una pesada cobija y ropa de lana. El frío permanecía inamovible.[6] Entonces se puso zapatos de estambre[7] y otras dos cobijas.[8] Nada. Por último, sacó de su costurero una colcha[9] que había empezado a tejer[10] el día en que Pedro le habló de matrimonio. Una colcha como ésta, tejida a gancho, se termina[11] aproximadamente en un año. Justo el tiempo que Pedro y Tita habían pensado dejar pasar antes de contraer nupcias.[12] Decidió darle utilidad al estambre en lugar de desperdiciarlo y rabiosamente tejió y lloró, y lloró y tejió, hasta que en la madrugada[13] terminó la colcha y se la echó encima. De nada sirvió. Ni esa noche ni[14] muchas otras mientras vivió logró controlar el frío.

Mientras lees

z. ¿Qué le trae Nacha a Tita para que se sienta mejor?

AA. ¿Qué siente Tita? ¿Qué hace para combatir ese sentimiento?

BB. ¿Qué saca Tita de su costurero? ¿Cuándo la había comenzado a tejer?

CC. ¿Cuándo había pensado terminar de tejerla?

DD. ¿Ahora qué hace con la colcha? ¿Hasta qué hora?

EE. ¿Cómo se siente mientras teje? ¿Cómo lo sabes?

FF. ¿Terminó la colcha? ¿Le ayudó a calentarse?

1 bureau **2** there was no sorrow that could persist **3** emptiness **4** hole **5** freezing, painful sensation **6** immovable **7** woolen yarn **8** blankets **9** bedspread **10** she had begun to knit **11** is finished **12** getting married **13** at dawn **14** Neither…nor

Capítulo 8 **69**

Después de leer
Actividades

1 ◆ Evalúa el té

Vuelve a leer las predicciones y preguntas que hiciste antes de leer el capítulo. Luego, contesta las siguientes preguntas.

1. ¿Fueron correctas tus predicciones? Si no, ¿qué fue lo que aconteció?

2. ¿Contestó el texto tus preguntas? ¿Cuáles se quedaron sin contestar?

3. ¿Crees que hacer predicciones con base en las declaraciones[1] de algunos de los personajes puede ayudarte a entender el cuento? Explica.

2 ◆ Orden cronológico

Pon las siguientes oraciones en orden cronológico.

_____ Pedro le explica a su papá que aunque se va a casar con Rosaura, es sólo porque ama a Tita y quiere estar cerca de ella.

_____ Tita siente un profundo frío que sentirá por muchos años.

_____ Pedro le confiesa su amor a Tita.

_____ Pedro le pide la mano de Tita a Mamá Elena.

_____ Mamá Elena le concede la mano de Rosaura a Pedro.

_____ Tita se da cuenta que Pedro ha aceptado casarse con su hermana.

_____ Tita y Pedro deciden esperar un año antes de casarse.

_____ Tita se pone a llorar y a tejer la colcha.

3 ◆ Lo dudo

Escribe tu opinión o reacción sobre los siguientes temas. Usa el subjuntivo si expresas duda o probabilidad.

MODELO **Dudo que Tita acepte el matrimonio de Pedro y Rosaura. Ella quiere mucho a Pedro y estoy seguro(a) que va a ser muy difícil aceptarlo.**

1. Pedro va a enamorarse de Rosaura y olvidar a Tita algún día.

2. Mamá Elena no cree en el amor.

3. Mamá Elena le pone mucha importancia a las opiniones de sus hijas.

4. Tita deja de amar[2] a Pedro después de que él acepta casarse con Rosaura.

5. A Pedro no le importa con quien se casa; lo que le importa es casarse.

....

1 statements   **2** stops loving

4 ▸ El punto de vista

Imagina que tú eres uno de los siguientes personajes. Escribe una declaración desde el punto de vista de cada uno sobre el matrimonio de Rosaura y Pedro.

MODELO **Nacha —¡Pobre Tita! Es horrible que su mamá no la deje casarse con Pedro.**

1. Mamá Elena   3. Pedro   5. Chencha
2. Tita   4. don Pascual 6. Nacha

5 ▸ Archivo de preguntas sin respuesta

Imagina que fue la bisabuela[1] de Mamá Elena la que comenzó la tradición que Tita odia. Ella visita a Tita en un sueño. Tú vas a escribir lo que aconteció en ese sueño usando tu imaginación y contestando las siguientes preguntas.

- ¿Cómo es el carácter y el aspecto físico de la bisabuela de Mamá Elena?
- ¿Cómo contesta ella las preguntas que hizo Tita de la tradición?

MODELO **[En su sueño, Tita ve a una señora de 40 años de edad que le dice:] —Tita, soy tu tatarabuela,[2] la que[3] comenzó la tradición familiar que obliga a la menor a cuidar a su madre toda su vida...**

6 ▸ En mis propias palabras

Escribe un párrafo breve sobre tres de los siguientes temas en tus propias palabras. Luego, en grupos de tres, léanse los párrafos y coméntenlos.

- Uno no debe casarse si no está enamorado(a).
- Las tradiciones familiares no siempre son buenas.
- El amor es un sentimiento necesario para el matrimonio feliz.
- Si el único modo[4] de estar cerca de la persona que uno ama es casarse con su hermano(a), hay que hacerlo.[5]
- Las madres tienen el poder de dirigirles[6] la vida a las hijas.
- Siempre hay que seguir con las tradiciones familiares, aunque uno no esté de acuerdo con ellas.

---

1 great grandmother   **2** great, great grandmother   **3** the one who   **4** the only way
5 one must do it   **6** the power to steer, direct

Un poco más...

Los medios de comunicación

1 **¿Qué me aconsejas?**

¿Alguna vez has leído[1] en un periódico o una revista una columna que trata de los problemas amorosos de los lectores? ¿O has escuchado un programa de radio o televisión que trata de estos temas? Ahora te toca a ti y a un(a) compañero(a) representar la situación amorosa entre Tita y Pedro.

Primero, decidan cuál de ustedes va a hacer el papel[2] del consejero y cuál va a hacer el papel de uno de los personajes del cuento. Luego escojan uno de los personajes a continuación. Si deciden escribir la columna, tienen que leerle a la clase su carta al consejero y la respuesta del consejero. Si hacen un programa de radio o televisión, dramaticen la conversación ante la clase. ¡Diviértanse!

- Tita
- Pedro
- Mamá Elena
- Rosaura
- don Pascual

MODELO	Rosaura	—¡Mi mamá quiere que me case con el novio de mi hermana! Él aceptó; además es muy guapo, ¿qué debo hacer?
	Consejero	—Pues, me parece que usted debe de hablar con su mamá y con su hermana y quizás...
	Rosaura	—...con mi mamá no se habla, sólo se obedece,[3] ¡ay, no sé qué hacer!

---

1 Have you ever read **2** play the role of **3** one doesn't talk, one only obeys

Capítulo

9 *Antes de leer*
El hijo

Estrategia

Lee, evalúa y vuelve a leer Para practicar esta estrategia, el lector lee un trozo[1] de un texto tres veces. Después de cada lectura, el lector evalúa su comprensión del texto, se hace preguntas y trata de contestar las preguntas de la última lectura. Al final, el lector se junta con otros lectores para aclarar[2] sus preguntas y vuelve a evaluar[3] su comprensión del texto.

Actividad

El padre Lee el siguiente trozo de «El hijo» tres veces y evalúa tu comprensión en una escala de 1 a 10 en una hoja aparte. Después de cada lectura escribe las preguntas que tengas sobre el texto, trata de contestar las preguntas de la última lectura y evalúa tu comprensión. Repite el proceso dos veces más, aclara las preguntas que te queden con un(a) compañero(a) y evalúa tu comprensión del texto por última vez.

«No es fácil, sin embargo, para un padre viudo, sin otra fe ni esperanza que la vida de su hijo, educarlo como lo ha hecho él, libre en su corto radio de acción, seguro de sus pequeños pies y manos desde que tenía cuatro años, consciente de la inmensidad de ciertos peligros y de la escasez de sus propias fuerzas.»

MODELO **Mi primera lectura: ¿Quién trata de educar a quién? ¿Qué es un padre viudo? ¿Qué tiene que ver la vida de un hijo con un padre viudo? ¿Quién tiene pequeños pies y manos? ¿Qué significa «corto radio de acción»? ¿«escasez»?**

Grado de comprensión: 2

Segunda lectura: Creo que el padre trata de educar al hijo y que los pequeños pies y manos son del hijo. El hijo ya no tiene cuatro años porque el texto dice «desde que tenía cuatro años». ¿Cuántos años tiene ahora? ¿Qué tiene que ver «corto radio» con «acción»? ¿«radio» significa *radio* o *radius*?

Grado de comprensión: 4

---

1 a short excerpt   **2** clear up   **3** re-evaluates

El hijo

Horacio Quiroga (1878–1937) nació en Salto, Uruguay aunque pasó la mayoría de su vida en la Argentina. Desde 1902, residió en Buenos Aires, menos los años que pasó en las Misiones, un territorio selvático[1] en el noreste argentino. Quiroga fue a Misiones para estudiar las ruinas de misiones jesuitas y quedó tan impresionado con la belleza de la zona que decidió quedarse. Vivió en Misiones de 1909 a 1916, y regresó al final de su vida en los años 1932–1936. En Buenos Aires, Quiroga publicó la mayoría de su obra y fue muy activo en los círculos literarios de la ciudad. Quiroga se conoce como uno de los grandes maestros latinoamericanos de la narrativa breve. Sus colecciones de cuentos más importantes incluyen: *Cuentos de amor, de locura y de muerte* (1917), *Cuentos de la selva* (1918), *Anaconda* (1921), *Los desterrados* (1926) y *Más allá* (1935), la que incluye el cuento «El hijo».

Mientras lees, piensa en las siguientes preguntas:
¿Cómo se expresa el amor entre padres e hijos?
¿Crees que el amor puede trascender de la muerte?

A. ¿Qué tiempo hace?

B. ¿A qué hora quiere el padre que vuelva el hijo?

Es un poderoso día de verano en Misiones, con todo el sol, el calor y la calma que puede deparar[2] la estación. La naturaleza, plenamente abierta, se siente satisfecha de sí.[3]

Como el sol, el calor y la calma ambiente,[4] el padre abre también su corazón a la naturaleza.

—Ten cuidado, chiquito— dice a su hijo abreviando en esa frase todas las observaciones del caso[5] y que su hijo comprende perfectamente.

—Sí, papá— responde la criatura, mientras coge la escopeta[6] y carga de cartuchos los bolsillos de su camisa,[7] que cierra con cuidado.

—Vuelve a la hora de almorzar— observa aún el padre.

—Sí, papá— repite el chico.

Equilibra la escopeta en la mano, sonríe a su padre, lo besa en la cabeza y parte.[8]

. . . .

1 jungle territory **2** provide **3** satisfied with itself **4** surrounding calm **5** all of the observations that apply **6** grabs his shotgun **7** fills his shirt pockets with cartridges **8** goes, leaves

Su padre lo sigue un rato con los ojos y vuelve a su quehacer de ese día, feliz con la alegría de su pequeño.

Sabe que su hijo, educado desde su más tierna infancia en el hábito y la precaución del peligro, puede manejar un fusil[1] y cazar no importa qué.[2] Aunque es muy alto para su edad, no tiene sino trece años.[3] Y parecería tener menos, a juzgar por[4] la pureza de sus ojos azules, frescos[5] aún de sorpresa infantil.

C. ¿A qué edad más o menos comenzó el hijo a aprender a manejar un fusil y a cazar?

No necesita el padre levantar los ojos de su quehacer para seguir con la mente la marcha de su hijo: Ha cruzado la picada roja[6] y se encamina rectamente al monte a través del abra de espartillo.[7]

D. ¿Cuántos años tiene el hijo? ¿Por qué parece tener más años? ¿Por qué parece tener menos?

Para cazar en el monte[8] — caza de pelo[9] — se requiere más paciencia de la que su cachorro[10] puede rendir. Después de atravesar esa isla de monte, su hijo costeará la linde[11] de cactus hasta el bañado,[12] en procura de palomas, tucanes o tal cual casal de garzas,[13] como las que su amigo Juan ha descubierto días anteriores.

E. ¿Adónde va el hijo? ¿Qué animales caza el hijo generalmente?

Solo ahora, el padre esboza una sonrisa[14] al recuerdo de la pasión cinegética[15] de las dos criaturas. Cazan sólo a veces un yacútoro, un surucuá — menos aún — y regresan triunfales, Juan a su rancho con el fusil de nueve milimetros que él le ha regalado, y su hijo a la meseta,[16] con la gran escopeta Saint-Etienne,[17] calibre 16, cuadruple cierre y pólvora blanca.

Él fué lo mismo. A los trece años hubiera dado[18] la vida por poseer una escopeta. Su hijo, de aquella edad, la posee ahora; — y el padre sonríe.

F. ¿Fue el padre igual a su hijo cuando era niño? ¿En qué?

1 handle a rifle **2** hunt anything **3** he's only 13 **4** judging by **5** fresh **6** red dirt road **7** grass clearing **8** woods **9** larger game (mammals) **10** cub, pup; *affectionate term for* son **11** to go along the edge **12** marshland **13** herons **14** gives a hint of a smile **15** hunting **16** plateau **17** French guns manufacturer **18** would have given

Mientras lees

G. ¿Qué peligros crees que hay en la selva? ¿Qué crees que hizo el padre para educar a su hijo sobre los peligros de la selva?

H. ¿Está sano el padre? ¿Qué problemas tiene?

I. ¿Qué clase de alucinaciones tiene?

J. ¿Qué oye el padre en la distancia? ¿Qué cree que es?

No es fácil, sin embargo, para un padre viudo,[1] sin otra fe ni esperanza que la vida de su hijo, educarlo[2] como lo ha hecho él, libre en su corto radio de acción,[3] seguro de sus pequeños pies y manos desde que tenía cuatro años, consciente de la inmensidad de ciertos peligros y de la escasez de sus propias fuerzas.[4]

Ese padre ha debido luchar fuertemente contra lo que él considera su egoísmo. ¡Tan fácilmente una criatura calcula mal, sienta un pie en el vacío[5] y se pierde un hijo!

El peligro subsiste siempre para el hombre en cualquier edad; pero su amenaza amengua[6] si desde pequeño se acostumbra a no contar sino con[7] sus propias fuerzas.

De este modo ha educado el padre a su hijo. Y para conseguirlo ha debido[8] resistir no sólo a su corazón, sino a sus tormentos morales; porque ese padre, de estómago y vista débiles,[9] sufre desde hace un tiempo de alucinaciones.

Ha visto, concretados en dolorosísima ilusión,[10] recuerdos de una felicidad que no debía surgir más de la nada en que se recluyó. La imagen de su propio hijo no ha escapado a este tormento. Lo ha visto una vez rodar envuelto en sangre[11] cuando el chico percutía en la morsa del taller una bala[12] de parabellum, siendo así[13] que lo que hacía era limar la hebilla[14] de su cinturón de caza.

Horribles cosas… Pero hoy, con el ardiente y vital día de verano, cuyo amor su hijo parece haber heredado, el padre se siente feliz, tranquilo y seguro del porvenir.

En ese instante, no muy lejos, suena un estampido.[15]

—La Saint-Etienne…— piensa el padre al reconocer la detonación. Dos palomas[16] menos en el monte…

Sin prestar más atención al nimio[17] acontecimiento, el hombre se abstrae de nuevo en su tarea.

El sol, ya muy alto, continúa ascendiendo. Adonde quiera que se mire — piedras, tierra, árboles — el aire, enrarecido[18] como en un horno, vibra con el calor. Un profundo zumbido[19] que llena el ser entero e impregna el ámbito hasta donde la vista alcanza, concentra a esa hora toda la vida tropical.

---

1 widowed   **2** to raise him   **3** his immediate surroundings   **4** limitations to his strength   **5** takes a blind step   **6** its threat diminishes   **7** only count on   **8** to achieve it he has had to   **9** weak stomach and poor eyesight   **10** crystallized in a most painful delusion   **11** once saw him roll around covered in blood   **12** was striking a bullet against an anvil   **13** even though   **14** filing down the belt buckle   **15** a report, a sharp explosive noise   **16** doves   **17** trivial   **18** rarified, thinned   **19** buzzing

El padre hecha una ojeada[1] a su muñeca: las doce. Y levanta los ojos al monte.

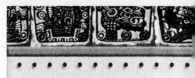

• • • • • • • • • •

Mientras lees

K. ¿Qué hora es cuando mira su reloj? ¿Debe estar de vuelta su hijo?

Su hijo debía estar ya de vuelta.[2] En la mutua confianza que depositan el uno en el otro—el padre de sienes plateadas[3] y la criatura de trece años, —no se engañan jamás.[4] Cuando su hijo responde: —Sí, papá, hará lo que dice. Dijo que volvería antes de las doce, y el padre ha sonreído al verlo partir.[5]

Y no ha vuelto.

El hombre torna[6] a su quehacer, esforzándose en concentrar la atención en su tarea. ¡Es tan fácil, tan fácil perder la noción de la hora dentro del monte, y sentarse un rato en el suelo[7] mientras se descansa inmóvil...[8]

Bruscamente, la luz meridiana,[9] el zumbido tropical y el corazón del padre se detienen a compás de[10] lo que acaba de pensar: su hijo descansa inmóvil...

El tiempo ha pasado; son las doce y media. El padre sale de su taller, y al apoyar la mano en el banco de mecánica[11] sube del fondo de su memoria el estallido[12] de una bala de parabellum, e instantáneamente, por primera vez en las tres horas transcurridas,[13] piensa que tras el estampido de la Saint-Etienne no ha oído nada más. No ha oído rodar el pedregullo bajo un paso conocido.[14] Su hijo no ha vuelto, y la naturaleza se halla detenida a la vera[15] del bosque, esperándolo...

L. ¿Qué hace el padre para no preocuparse mientras espera a su hijo?

M. ¿Qué hora es cuando el padre sale del taller?

N. ¿Por qué comienza el padre a preocuparse?

· ·

1 glances (**echa** *not* **hecha**)   **2** should have already returned   **3** silvery sideburns
4 never deceive each other   **5** upon seeing him leave   **6** returns   **7** ground
8 while one rests motionless   **9** the noon daylight   **10** stop on the same beat as
11 workbench   **12** crack, explosion   **13** that have passed   **14** gravel crunch beneath
familiar footsteps   **15** still/motionless at the edge

O. ¿A quién va a buscar el padre en el monte? ¿Por qué crees que no lleva su sombrero y machete? ¿Para qué necesita un sombrero y un machete?

P. ¿Qué piensa el padre que va a encontrar? ¿Es una buena o mala premonición?

Q. ¿Por qué es peligroso cruzar un alambrado con una escopeta en la mano?

¡Oh! No son suficientes un carácter templado[1] y una ciega confianza[2] en la educación de un hijo para ahuyentar[3] el espectro de la fatalidad[4] que un padre de vista enferma ve alzarse desde la línea del monte. Distracción, olvido, demora fortuita; ninguno de estos nimios motivos que pueden retardar la llegada[5] de su hijo, hallan cabida[6] en aquel corazón.

Un tiro,[7] un solo tiro ha sonado, y hace ya mucho. Tras él[8] el padre no ha oído un ruido, no ha visto un pájaro, no ha cruzado el abra una sola persona[9] a anunciarle que al cruzar un alambrado,[10] una gran desgracia...

La cabeza al aire[11] y sin machete, el padre va. Corta el abra de espartillo, entra en el monte, costea la línea de cactus sin hallar el menor rastro[12] de su hijo.

Pero la naturaleza prosigue detenida. Y cuando el padre ha recorrido las sendas de caza conocidas[13] y ha explorado el bañado en vano,[14] adquiere la seguridad de que cada paso que da en adelante lo lleva, fatal e inexorablemente, al cadáver de su hijo.

Ni un reproche que hacerse, el lamentable. Sólo la realidad fría, terrible y consumada: Ha muerto su hijo al cruzar un...

¡Pero dónde, en qué parte! ¡Hay tantos alambrados allí, y es tan, tan sucio[15] el monte!... ¡Oh, muy sucio! ...Por poco que no se tenga cuidado al cruzar los hilos[16] con la escopeta en la mano...

1 steady **2** blind trust **3** to dispel, to drive away **4** misfortune, fate **5** delay the arrival **6** find room **7** One shot **8** after it **9** not a single person has crossed the clearing **10** upon crossing a barbed wire fence **11** hatless **12** without finding the faintest trace **13** gone through the familiar hunting paths **14** in vain **15** dirty, cluttered with barbed wire fences **16** wires

El padre sofoca un grito.[1] Ha visto levantarse en el aire... ¡Oh, no es su hijo, no!... Y vuelve a otro lado, y a otro y a otro...

Nada se ganaría con ver el color de su tez[2] y la angustia de sus ojos. Ese hombre aún no ha llamado a su hijo. Aunque su corazón clama por él a gritos,[3] su boca continúa muda.[4] Sabe bien que el solo acto de pronunciar su nombre, de llamarlo en voz alta, será la confesión de su muerte...

—¡Chiquito!— se le escapa de pronto. Y si la voz de un hombre de carácter es capaz de llorar, tapémonos de misericordia los oídos[5] ante la angustia que clama en aquella voz.

Nadie ni nada ha respondido. Por las picadas rojas de sol, envejecido[6] en diez años, va el padre buscando a su hijo que acaba de morir.

—¡Hijito mío!... ¡Chiquito mío!... —clama en un diminutivo que se alza del fondo de sus entrañas.[7]

Ya antes, en plena dicha y paz, ese padre ha sufrido la alucinación de su hijo rodando con la frente[8] abierta por una bala al cromo níquel. Ahora, en cada rincón sombrío[9] del bosque ve centelleos de alambre:[10] y al pie de un poste, con la escopeta descargada al lado, ve a su...

—¡Chiquito!... ¡Mi hijo!...

Las fuerzas que permiten entregar un pobre padre alucinado a la más atroz pesadilla[11] tienen también un límite. Y el nuestro siente que las suyas[12] se le escapan, cuando ve bruscamente desembocar de un pique lateral[13] a su hijo. A un chico de trece años bástale ver desde cincuenta metros la expresión de su padre sin machete dentro del monte, para apresurar el paso[14] con los ojos húmedos.

—Chiquito...— murmura el hombre. Y, exhausto, se deja caer sentado en la arena albeante, rodeando[15] con los brazos las piernas de su hijo.

La criatura, así ceñida,[16] queda de pie; y como comprende el dolor de su padre, le acaricia despacio la cabeza:

—Pobre papá...

En fin, el tiempo ha pasado. Ya van a ser las tres. Juntos, ahora, padre e hijo emprenden el regreso a la casa.[17]

Mientras lees

R. ¿Sabe el padre si el hijo acaba de morir? O ¿es el caso que su conciencia acaba de aceptar que su hijo probablemente está muerto?

S. ¿Qué ve el padre al pie de un poste, con la escopeta a su lado? ¿Por qué se siente sin fuerzas el padre? ¿Crees que es una alucinación?

T. ¿A quién ve el padre? ¿Por dónde viene? ¿Crees que es una alucinación?

U. ¿Qué hora es? ¿A qué hora comenzó el padre a buscar a su hijo?

1 stifles a cry   2 complexion   3 cries out for him   4 mute   5 let's cover our ears out of mercy   6 aged   7 from the depths of his soul   8 forehead   9 shaded/dark corner   10 flashes of wire   11 atrocious nightmare   12 And ours (the father) feels his (strength)   13 emerge from a steep path to his side   14 hurry his step   15 encircling   16 encircled, held   17 turn toward home

—¿Cómo no te fijaste en el sol para saber la hora?...
—murmura aún el primero.

—Me fijé papá... Pero cuando iba a volver vi las garzas de Juan y las seguí...

—¡Lo que me has hecho pasar,[1] chiquito!...

—Piapiá...[2] —murmura también el chico.

Después de un largo silencio:

—Y las garzas, ¿las mataste? —pregunta el padre:

—No...

Nimio detalle, después de todo. Bajo el cielo y el aire candentes,[3] a la descubierta por el abra de espartillo, el hombre vuelve a casa con su hijo, sobre cuyos hombros[4] casi del alto de los suyos, lleva pasado a su feliz brazo de padre. Regresa empapado de sudor,[5] y aunque quebrantado de cuerpo y alma,[6] sonríe de felicidad...

v. ¿De qué hablan el papá y su hijo? ¿Cómo se siente el papá?

Sonríe de alucinada felicidad...[7] Pues ese padre va solo. A nadie ha encontrado, y su brazo se apoya en el vacío.[8] Porque tras él, al pie de un poste y con las piernas en alto, enredadas en el alambre de púa,[9] su hijo bien amado yace al sol,[10] muerto desde las diez de la mañana.

w. ¿A qué hora murió el hijo? ¿Cómo murió? ¿Fueron correctas las premoniciones que tuvo el padre mientras buscaba a su hijo?

1 What you've put me through   **2** dad (*affectionate term for* **papá**)   **3** red-hot, burning
4 on whose shoulders   **5** drenched with sweat   **6** his body and spirit broken
7 deluded happiness   **8** empty space   **9** entangled in barbed wire   **10** lies in the sun

Después de leer
Actividades

1 ### Lee y visualiza

Lee las siguientes citas del cuento y trata de visualizar el escenario.[1] Es importante que las leas en orden consecutivo como aparecen en el cuento. Después vuelve a leerlas una por una y escoge la descripción de la situación que le corresponda.

1. «Ya antes, en plena dicha y paz, ese padre ha sufrido la alucinación de su hijo rodando con la frente abierta por una bala al cromo níquel.»

2. «Ahora, en cada rincón sombrío del bosque ve centelleos de alambre»

3. «al pie de un poste, con la escopeta descargada al lado, ve a su…
   —¡Chiquito!… ¡Mi hijo!…»

4. «Las fuerzas que permiten entregar un pobre padre alucinado a la más atroz pesadilla tienen también un límite. Y el nuestro siente que las suyas se le escapan»

5. «cuando ve bruscamente desembocar de un pique lateral a su hijo»

a. Un señor está en el monte, paralizado, mirando el cuerpo de un muchacho junto a una escopeta. Las piernas del muchacho están suspendidas, enredadas en un alambrado.

b. Un señor que está en el monte voltea la cabeza hacia un lado: ve a un muchacho que acaba de subir por un camino que baja en picado.[2]

c. Un señor está separando las plantas con sus manos en el monte. Cada dos segundos voltea la cabeza para mirar algo entre las plantas y los árboles que reluce[3] en el sol.

d. Un señor está en un cuarto donde hay muchos utensilios y aparatos de agricultura y equipo de caza. Deja de trabajar y alza la vista.[4] Tiene una expresión de dolor y horror—está imaginando que su hijo está en el monte con la cabeza destrozada.[5]

e. Un señor está en el monte, paralizado, con los ojos abiertos pero vidriosos.[6] Está muy pálido y a punto de sufrir un colapso.

 ### El padre

Escoge cinco oraciones del cuento que muestran[7] cómo se siente el padre hacia el hijo. Escríbelas en una hoja aparte y luego explica por qué crees que esa oración expresa el sentimiento del padre.

MODELO   **«—Ten cuidado, chiquito— dice a su hijo abreviando en esa frase todas las observaciones del caso y que su hijo comprende perfectamente.»**

                El padre no quiere que le pase nada malo a su hijo. Lo quiere proteger.

- -

1 setting   **2** descends steeply   **3** shines   **4** looks up   **5** shattered, destroyed   **6** glassy   **7** show

Yo pienso que…

Contesta las siguientes preguntas.

1. Cuando sales de casa, ¿te dicen tus padres que tengas cuidado? ¿Te gusta o no te gusta que te lo digan? ¿Por qué?

2. ¿Tienes que decirles a tus padres a qué hora vas a regresar? ¿Qué pasa si no llegas a tiempo?

3. ¿Tienes que llamar a tus padres si no vas a llegar a tiempo? ¿Van tus padres a buscarte si no llegas a tiempo y no llamas?

4. ¿Crees que tus padres quieren protegerte demasiado o crees que te deben proteger más? ¿Por qué crees que son así?

5. ¿Crees que tus padres se preocupan demasiado por ti? Si tú tuvieras hijos, ¿cuánto crees que te preocuparías por ellos?

Los estereotipos

Escoge dos estereotipos de los padres y dos estereotipos de los hijos y escribe tu reacción. ¿Estás de acuerdo o no con los estereotipos? Explica en detalle por qué estás de acuerdo o no con las generalizaciones a continuación.

Los padres

- se preocupan demasiado sin tener razón por qué
- no les tienen confianza[1] a sus hijos
- quieren proteger a sus hijos de realidades de las cuales no es posible protegerlos
- son muy estrictos
- no se acuerdan de cómo es ser joven
- no entienden la importancia de divertirse

Los hijos

- no son responsables
- no les hacen caso[2] a sus padres
- creen que saben más de la vida de lo que realmente saben
- creen que saben más que sus padres
- no son obedientes, nunca prestan atención a las reglas
- quieren hacer lo que quieran sin tener que pedir permiso[3]

En mis propias palabras

Haz una lista de cinco cosas que tú harías para proteger a tu hijo(a) y enseñarle[4] cómo mejor vivir la vida y contesta las siguientes preguntas en un ensayo. ¿Cómo serías tú si fueras padre o madre? ¿Qué harías para mejorar la vida de tus hijos? ¿Qué harías para mostrarles tu amor? ¿Dónde preferirías criar[5] a tus hijos?

. . . .

1 don't trust   **2** don't pay attention   **3** permission   **4** teach him/her   **5** to raise, bring up

Un poco más...

1 **¡Pero es que no entiendes...!**

Puede haber un sinnúmero[1] de experiencias tanto positivas como negativas entre padres e hijos. A la raíz[2] de ambos tipos de experiencias suele estar,[3] aunque no siempre sea obvio, el cariño.

Con un(a) compañero(a), lee las siguientes situaciones que se pueden dar[4] entre padres e hijos. Mientras lean, piensen en los motivos de cada persona sin olvidar el cariño que se tienen.[5] Escriban un guión[6] para uno de los siguientes conflictos, y representen el diálogo delante de la clase.

- Un padre se da cuenta de que su hijo se llevó el carro sin pedirle permiso y que lo chocó[7] con el carro estacionado[8] del vecino. Ninguno de los carros sufrió mucho daño.

- Una madre se da cuenta de que su hija se cambia de ropa cuando llega a la escuela—la hija se pone ropa que su mamá le ha prohibido ponerse.

- Una hija ha dedicado mucho tiempo y esfuerzo a una producción de teatro, y su padre le ha prometido asistir al estreno.[9] Después de la representación, la hija se da cuenta de que su papá no asistió.

- Un hijo trabaja después de clases para ganar dinero que le dará a su mamá para ayudarle a pagar las cuentas. Es una sorpresa—ella no sabe por qué llega él tarde a casa día tras día y lo regaña.[10]

Nota cultural

Sabías qué... La provincia de Misiones, Argentina adonde fue a vivir Horacio Quiroga fue destino de muchos inmigrantes. Cuando Quiroga llega a Misiones en 1909, el gobierno argentino ya ha comenzado a promover[11] la colonización y el desarrollo[12] de la selva en la frontera con Brasil y Paraguay. Polacos, ucranios y alemanes aprovechan la distribución de tierras[13] y forman colonias en las que tratan de conservar sus costumbres, pero se enfrentan a un clima y condiciones naturales muy distintos a los de su país natal.[14] Hay hormigas[15] que viajan en grupos de miles y se comen todo, hasta animales y personas. Por dondequiera hay nubes de mosquitos y la caza es difícil en la espesa selva. No hay buenos caminos ni para la comunicación ni el transporte de mercancías.[16] En la bella y salvaje[17] Misiones de Quiroga también vivían brasileños, paraguayos, españoles, rusos, y los grupos nativos como los guaraníes.

....

1 countless   **2** at the root   **3** tends to be   **4** can arise   **5** have for each other   **6** script   **7** crashed it
8 parked   **9** opening night performance   **10** scolds   **11** promote   **12** development   **13** land
14 country of birth   **15** ants   **16** goods   **17** wild, untamed

El poder
de la palabra

¿Qué hay de la palabra que ejerce[1] tanto poder y que puede provocar la persecución de aquellos que son hábiles en manejarla?[2] Aristóteles, Sor Juana, Solzhenitsyn —escritores de civilizaciones y épocas muy diferentes—fueron perseguidos[3] porque su elocuencia amenazaba[4] a personas o entidades poderosas.[5]

Tal como el escritor puede ser perseguido por la potencia[6] de sus escritos,[7] puede también sentirse perseguido por el vacío[8] que experimenta al no escribir. El afán creador[9] lo persigue implacablemente[10] y no lo deja en paz hasta que ponga en palabras sus pensamientos.

Vas a leer varios textos que tratan del poder de la palabra:

**¿Alguna vez sentiste el deseo irresistible
de escribir o te sentiste conmovido(a) por una lectura?**

---

1 exerts   **2** adept at handling it   **3** persecuted   **4** threatened   **5** powerful
6 power   **7** writings   **8** void   **9** creative urge   **10** relentlessly

Capítulo

10 *Antes de leer* A Julia de Burgos

Estrategia

El contraste A veces el escritor emplea el contraste entre dos imágenes para mejor ilustrar su pensamiento o sentimiento.[1] Por ejemplo, para comparar la rapidez de dos personas, sería más eficaz describir a una de las personas como tortuga y a la otra como conejo[2] en vez de simplemente decir que una es rápida y la otra es lenta.[3] El saber identificar y descifrar el contraste entre imágenes ayuda al lector a comprender mejor el texto.

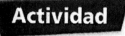

Actividad

A. El «yo» de Julia En el poema que vas a leer, «A Julia de Burgos», la poetisa[4] usa varias imágenes para contrastar a Julia de Burgos la poetisa con Julia de Burgos la persona. El primer grupo de imágenes describe a la persona y el segundo a la poetisa. Identifica qué conceptos del cuadro corresponden a cada imagen. ¿Qué puedes concluir[5] del contraste entre la persona y la artista?

Julia la persona

I. ropaje[6]
    fría muñeca[7]
    miel[8] de cortesanas
    hipocresías
    señora señorona[9]
    dama casera[10]
    flor de aristocracia

Julia la poetisa

II. esencia y voz[11] del «yo»
    viril destello[12]
    corazón desnudo[13]
    mujer natural
    caballo libre
    flor del pueblo[14]

dependencia	introspección	autonomía	fuerza[15]
libertad	apariencia[16]	vitalidad	
hipocresía	humana verdad	falta de vida	
virtud	mentira social	egoísmo	

---

1 thought or feeling   **2** rabbit   **3** slow   **4** female poet (some prefer **la poeta**)   **5** conclude   **6** heavy, sumptuous clothes: gowns, robes   **7** cold, unfeeling doll   **8** honey, sweet sap   **9** high and mighty lady   **10** lady of the house   **11** voice   **12** sparkle, twinkling   **13** heart laid bare   **14** of the people   **15** strength   **16** appearance

A Julia de Burgos

Julia de Burgos (1914–1953), poetisa puertorriqueña, nació de padres muy pobres en el barrio Santa Cruz de Carolina. Fue muy buena estudiante— consiguió una beca[1] y ingresó a la Universidad de Puerto Rico donde se recibió de maestra[2] en 1933. Su primer cuaderno de versos, *Poema en veinte surcos,* fue publicado en 1938, y *Canción de la verdad sencilla* salió un año más tarde. En 1940, viajó por primera vez a Nueva York. El periódico *La Prensa* publicó «Julia de Burgos, poetisa puertorriqueña, en misión cultural en Estados Unidos». Poco después viajó a Cuba donde se matriculó en la Universidad de La Habana. Regresó a Estados Unidos en 1942. Murió entre desconocidos[3] en Nueva York a la edad de 39 años, después de escribir «Farewell in Welfare Island». En 1954 su hermana Consuelo publicó *El mar y tú,* una colección de poemas que había escrito Julia de Burgos durante su estancia en Nueva York.

Mientras lees, piensa en la siguiente pregunta:
¿Crees que el escritor tiene una doble identidad—una como escritor y otra como persona?

A. ¿Quién es la narradora del poema? ¿A quién le habla?

B. Según la poetisa, ¿de quién dice la gente que es enemiga? ¿Está de acuerdo la poetisa con lo que dice la gente?

C. ¿Cómo describe el conflicto entre la poetisa y la persona?

Ya las gentes murmuran que yo soy tu enemiga
porque dicen que en verso doy al mundo tu yo.

Mienten, Julia de Burgos. Mienten, Julia de Burgos.

La que se alza[4] en mis versos no es tu voz: es mi voz;
porque tú eres ropaje y la esencia soy yo;
y el más profundo abismo se tiende[5] entre las dos.

Tú eres fría muñeca de mentira[6] social,
y yo, viril destello de la humana verdad.

Tú, miel de cortesanas hipocresías;[7] yo no;
que en todos mis poemas desnudo[8] el corazón.

---

1 scholarship   **2** got her teaching degree   **3** strangers   **4** (the voice) that raises itself
5 the deepest abyss stretches out   **6** lie   **7** sweet sap of courtly hypocrisy   **8** I bare

Tú eres como tu mundo, egoísta; yo no;
que todo me lo juego[1] a ser lo que soy yo.

Tú eres sólo la grave señora señorona;
yo no; yo soy la vida, la fuerza, la mujer.

Tú eres de tu marido,[2] de tu amo;[3] yo no;
yo de nadie, o de todos, porque a todos, a todos,
en mi limpio sentir y en mi pensar me doy.

Tú te rizas[4] el pelo y te pintas;[5] yo no;
a mí me riza el viento; a mí me pinta el sol.

Tú eres dama casera, resignada, sumisa,
atada[6] a los prejuicios de los hombres; yo no;
que yo soy Rocinante corriendo desbocado[7]
olfateando[8] horizontes de justicia de Dios.

Tú en ti misma no mandas;[9] a ti todos te mandan;[10]
en ti mandan tu esposo, tus padres, tus parientes,
el cura,[11] la modista, el teatro, el casino,
el auto, las alhajas,[12] el banquete, el champán,
el cielo y el infierno, y el qué dirán social.[13]

En mí no, que en mí manda mi solo corazón,[14]
mi solo pensamiento; quien manda en mí soy yo.

Mientras lees

D. ¿Quién posee a Julia la persona? ¿Hay una sola persona que posea a Julia la poetisa?

E. ¿Qué sugiere el contraste entre el maquillarse y rizarse el pelo con el viento y el sol?

F. ¿Qué sugiere el contraste entre una dama casera y un caballo que corre libre?

G. ¿A qué obedece Julia la poetisa? ¿En qué consiste el «yo» de Julia la poetisa?

1 I risk it all 2 husband 3 owner 4 curl 5 put on make-up 6 tied 7 (Don Quijote's mare) running away 8 sniffing 9 you're not your own master 10 boss you around 11 priest 12 jewelry 13 societal opinion 14 only my heart rules

Epitafio para un poeta

....

Mientras lees

H. ¿Qué imágenes evocan la «flor de aristocracia» y la «flor del pueblo»?

I. ¿Qué efecto tiene en la vida de Julia la persona su herencia ancestral? ¿Por qué se considera la poetisa como «un uno»?

J. ¿Por qué crees que Julia la poetisa piensa que Julia la persona representa «todo lo injusto y lo inhumano»?

Tú, flor de aristocracia; y yo la flor del pueblo.
Tú en ti lo tienes todo y a todos se lo debes,[1]
mientras que yo, mi nada a nadie se la debo.

Tú, clavada al estático dividendo ancestral,[2]
y yo, un uno en la cifra[3] del divisor social,
somos el duelo a muerte que se acerca[4] fatal.

Cuando las multitudes corran alborotadas[5]
dejando atrás cenizas de injusticias quemadas,[6]
y cuando con la tea[7] de las siete virtudes,
tras[8] los siete pecados, corran las multitudes,
contra ti, y contra todo lo injusto y lo inhumano,
yo iré en medio de ellas con la tea en la mano.

....
1 owe **2** bound to the unchanging denominator of tradition **3** number, quantity
4 battle to the death that draws near **5** agitated **6** ashes of burnt injustice **7** torch
8 after, in pursuit of

Después de leer
Actividades

1 El texto dice...yo digo...

Lee las siguientes preguntas sobre el poema «A Julia de Burgos». Haz un cuadro similar en una hoja aparte. En la segunda columna, contesta las preguntas basándote en la información que se encuentra en el texto del poema (**El texto dice...**); en la tercera columna, contéstalas basándote en lo que tú ya sabes, es decir, en tu conocimiento previo (**Yo digo...**); y en la cuarta columna, haz una deducción general basándote en una combinación de las dos respuestas anteriores (**Y por lo tanto...**).

Preguntas	El texto dice...	Yo digo...	Y por lo tanto...
1. ¿Respeta la poetisa a la persona?			
2. ¿Quién tiene más libertad, la poetisa o la persona?			
3. ¿Quién es más egoísta, la poetisa o la persona?			
4. ¿Quién está más atada a las cosas materiales, la poetisa o la persona?			
5. ¿Son enemigas la poetisa y la persona?			

2 ¡Yo me mando solo!

Lee de nuevo la siguiente estrofa del poema. Haz una lista de las personas y cosas que tú crees que mandan en ti. Cambia las partes de la estrofa que no te aplican a ti[1] y escribe la estrofa para que sea tuya.[2]

«Tú en ti misma no mandas; a ti todos te mandan;
en ti mandan tu esposo, tus padres, tus parientes,
el cura, la modista, el teatro, el casino,
el auto, las alhajas, el banquete, el champán,
el cielo y el infierno, y el qué dirán social.»

MODELO   **Tú en ti mismo no siempre mandas; a ti otros te mandan;**
en ti mandan tu novia, tus padres, tus compañeros,
la tele, ...

. . . .

1 don't apply to you   **2** so that it becomes yours

Las imágenes

Julia de Burgos usa imágenes que expresan el concepto del poema con más intensidad que las descripciones realistas. Por ejemplo, «fría muñeca» es mucho más expresivo que «mujer dura y sin sentimiento» y «flor del pueblo» es más expresivo que «alguien que es parte de la comunidad». Piensa en una imagen que represente cada una de las siguientes personas.

1. persona tímida
2. persona generosa
3. persona egoísta

4. persona trabajadora[1]
5. persona amada[2]
6. persona complicada

La imagen opuesta

Ahora piensa en algunas imágenes que expresan lo opuesto[3] de las imágenes que escogiste en la Actividad 3. Describe esas imágenes por medio de palabras e ilustraciones.

Mosaico de Julias

¿Cómo representarías la oposición de imágenes del poema «A Julia de Burgos» en una obra artística? Podrías representarla de una manera abstracta por medio de ilustraciones, pantomimas, versos de otros poemas o música. Incluye al menos cuatro oposiciones de imágenes en tu representación artística.

En mis propias palabras

Escribe un ensayo sobre la actitud de Julia de Burgos, la poetisa, hacia Julia de Burgos, la persona. Contesta las siguientes preguntas en tu ensayo.

- ¿Qué piensa la poetisa de su persona? ¿Por qué crees que se siente así?
- ¿Tiene la persona la oportunidad de defenderse de las acusaciones de la poetisa? ¿Es justo?[4]
- ¿Cómo puede una persona tener dos identidades opuestas?
- ¿Cómo crees que reaccionaría Burgos la poetisa al poema de Paz? ¿Cuáles serían las mentiras de su vida verdadera? ¿Cuáles serían las verdades de su mentirosa vida?
- ¿Crees que todos los escritores sienten este conflicto entre escritor y persona?
- ¿Estás de acuerdo con Julia de Burgos, la poetisa, en su crítica de la persona?

. . . .

1 hard-working **2** loved, cherished **3** opposite **4** Is it fair?

Un poco más...

1 Julia la puertorriqueña

Lee las siguientes observaciones que hizo Julia de Burgos en una carta que escribió en Nueva York y en una conferencia que dio en Cuba. ¿Qué puedes deducir de cómo era Puerto Rico en 1940? ¿Qué sentimientos habrá experimentado[1] Burgos hacia Nueva York y Puerto Rico? Contesta estas preguntas en un ensayo.

Carta a su hermana Consuelo (del 30 de enero de 1940)

[Source: the private collection of María Consuelo Sáez Burgos, San Juan, Puerto Rico]

- Nueva York es una gran ciudad, muy organizada y estimulante.
- El sistema de transportación es una telaraña de guaguas, tranvías,[2] subways y trenes elevados.
- Hay luces rojas y verdes (y no policías) en las esquinas que dirigen[3] el tráfico.
- Se parece a un enorme cuartel militar: todos los apartamentos tienen escaleras[4] para bajar en caso de fuego.[5]
- Las casas son uniformes; no tienen gracia.[6]
- Hay una infinidad de tiendas y cafés.
- En las tiendas hay que hacer cola para todo.

«Puerto Rico en el alma de un niño» (recuento de una conferencia que hizo en Cuba en 1940)

[Source: Pueblos Hispanos, 09/23/1944, No. 85, p. 6]

- El mar de Cuba es muy azul, casi tan azul como el mar de Puerto Rico.
- La belleza[7] de Puerto Rico es incomparable: se trata de las olas,[8] de las brisas[9] y las estrellas constantes que encierran a Puerto Rico como una concha.[10]
- A pesar de la belleza de Puerto Rico, su pueblo sufre debido a[11] una tragedia colonial.

....

1 might have experienced **2** web of buses, trams/streetcars **3** direct **4** stairs **5** in the event of a fire
6 they have no charm **7** beauty **8** waves **9** breezes **10** enclose P.R. like a seashell **11** due to

¿Quién soy yo?

En su poema, Julia de Burgos escribe sobre un tema universal: el conflicto entre el «yo» verdadero y el «yo» social, si es que se puedan distinguir. En un cuadro organiza cómo te portas[1] en diferentes situaciones y con diferentes personas, con énfasis en el «yo» que presentas a los demás[2] y el conflicto interno que quizás sientas.[3] Usa adjetivos e imágenes en oposición como lo hizo Burgos. Luego escribe un poema corto que incorpore las ideas del cuadro.

Cómo me porto...	Ejemplos de mi comportamiento[4]	Adjetivos e imágenes
con mis amigos		
con mis profesores		
con mi familia		
con desconocidos		
en mi tiempo libre		
cuando estoy solo(a)		
¿...?		

Nota cultural

¿Sabías que...? En 1898 Puerto Rico dejó de ser colonia española, pasó a ser territorio de Estados Unidos, y en 1952 se convirtió en Estado Libre Asociado a Estados Unidos. Desde 1898, los puertorriqueños han sido gobernados por algunas leyes[5] federales de Estados Unidos. Por ejemplo, en 1903 Puerto Rico se valió de[6] la ley estadounidense[7] Morril (1862), la cual proporcionaba fondos[8] a universidades con colegio de agricultura, para crear la Universidad de Puerto Rico en Río Piedras. A pesar de las ventajas económicas[9] de ser estado libre asociado, Puerto Rico es un pueblo de herencia[10] española, africana y taína que no siempre ha querido aceptar la influencia estadounidense. Esto se refleja en la lucha centenaria[11] entre los papeles del español y del ingles en la instrucción pública y como idioma oficial. También se refleja en la actitud hacia los aportes culturales de Estados Unidos. Por ejemplo, el Festival Mar y Sol de 1972 casi fue prohibido por el gobierno puertorriqueño que quiso proteger a su pueblo católico del «Woodstock boricua»,[12] como se le llamó al festival de música *pop*. ¿Puedes pensar en algunos aportes culturales puertorriqueños en Estados Unidos?

---

1 behave   **2** others (other people)   **3** that you might feel   **4** behavior   **5** laws   **6** made use of
7 United States   **8** granted funds   **9** Despite the economic advantages   **10** heritage
11 century-long struggle   **12** Puerto Rican

Capítulo

11

Antes de leer
de Don Quijote de la Mancha

Estrategia

Las pistas del contexto[1] Siempre es útil buscar en el diccionario las palabras desconocidas;[2] pero el buen lector también usa las pistas del contexto para adivinar el significado de una palabra.[3] Esta estrategia le ayuda a comprender lo que lee sin separarse[4] de la lectura. También le ayuda a escoger el significado correcto si el diccionario ofrece más de uno. Por eso el buen lector examina el significado de las palabras y frases que rodean[5] la palabra que desconoce.

Actividad

Palabras y frases desconocidas Lee las siguientes oraciones del capítulo primero de *Don Quijote*. Trata de adivinar qué significan las palabras **en negrilla** basándote en las pistas del contexto.

«Una olla[6] de algo más **vaca** que carnero, **salpicón** las más noches, **duelos y quebrantos** los sábados, **lantejas** los viernes, algún **palomino** de añadidura los domingos, consumían las tres partes de su hacienda. El resto della[7] concluían **sayo** de velarte, **calzas** de velludo para las fiestas, con sus **pantuflos** de lo mesmo, y los días de entresemana se honraba con su **vellorí** de lo más fino. Tenía en su casa una ama[8] que pasaba de los cuarenta, y una sobrina[9] que no llegaba a los veinte… **Frisaba** la edad de nuestro hidalgo[10] con los cincuenta años: era de complexión[11] **recia,** seco de carnes, enjuto[12] de rostro…»

1. **vaca, salpicón, duelos y quebrantos, lantejas**
   a. comidas
   b. mascotas[13]
   c. ropa

2. **sayo, calzas, pantuflos, vellorí**
   a. tipos de árboles
   b. ropa y zapatos
   c. libros

3. **Frisaba**
   a. Luchaba
   b. Se aproximaba
   c. Callaba[14]

4. **recia**
   a. dura, áspera[15]
   b. de color rosa, rosada
   c. inocente, pura

---

1 context clues   2 unknown   3 to guess the meaning of a word   4 without separating himself/
herself   5 surround   6 pot   7 of it   8 housekeeper   9 niece   10 nobleman (of the lower ranks
of nobility)   11 constitution   12 gaunt   13 pets   14 He quieted   15 tough, rugged

de Don Quijote de la Mancha

Miguel de Cervantes Saavedra (1547–1616) nació en una pequeña ciudad cerca de Madrid. Hijo de padres pobres, nunca asistió a la universidad, pero siempre le interesaron los libros. Perdió el uso de su mano izquierda en una de las batallas navales más famosas de su época, la batalla de Lepanto. Fue capturado por piratas cuando trató de volver a España y también pasó cinco años en una prisión española. Nunca logró tener éxito económico, ni con la publicación de *El ingenioso hidalgo don Quijote de la Mancha* porque ya había vendido los derechos.[1]

Hoy día Cervantes es considerado uno de los mejores novelistas. *El ingenioso hidalgo don Quijote de la Mancha* es considerada la novela española más importante y más famosa. Esta novela, como ninguna otra, trasciende las generaciones y las culturas, lo cual se puede observar en la variedad de películas, dramas musicales, obras de teatro, ballets y pinturas que ha inspirado.

Mientras lees, piensa en las siguientes preguntas:
¿Alguna vez leíste algo que te cambió la vida?
¿Crees que la literatura te puede afectar profundamente?

A. ¿Dónde tiene lugar el cuento?

B. ¿Quién es el protagonista? ¿Qué animales tiene?

C. ¿En qué gasta el hidalgo la mayoría de la hacienda? Y ¿en qué gasta el resto?

Primera parte

Capítulo I

Que trata de la condición y ejercicio del famoso hidalgo D. Quijote de la Mancha

En un lugar de la Mancha de cuyo nombre no quiero acordarme, no ha mucho tiempo que vivía un hidalgo de los de lanza en astillero,[2] adarga[3] antigua, rocín[4] flaco y galgo corredor.[5] Una olla de algo más vaca que carnero,[6] salpicón[7] las más noches, duelos y quebrantos[8] los sábados, lantejas[9] los viernes, algún palomino[10] de añadidura los domingos, consumían las tres partes de su hacienda.[11]

. . . .
1 rights   **2** the rack for lances   **3** coat-of-arms   **4** old horse, nag   **5** greyhound that runs   **6** sheep   **7** ground beef   **8** eggs with bacon   **9** lentils   **10** young pigeon, dove   **11** fortune, possessions

El resto della concluían sayo de velarte,[1] calzas de velludo[2] para las fiestas, con sus pantuflos[3] de lo mismo, y los días de entresemana se honraba con su vellorí[4] de lo más fino. Tenía en su casa una ama que pasaba de los cuarenta, y una sobrina que no llegaba a los veinte, y un mozo[5] de campo y plaza, que así ensillaba[6] el rocín como tomaba la podadera.[7] Frisaba la edad de nuestro hidalgo con los cincuenta años; era de complexión recia, seco de carnes,[8] enjuto de rostro, gran madrugador[9] y amigo de la caza.[10] Quieren decir que tenía el sobrenombre de Quijada, o Quesada, que en esto hay alguna diferencia en los autores que deste caso escriben; aunque, por conjeturas verosímiles, se deja entender que se llamaba Quijana. Pero esto importa poco a nuestro cuento; basta que en la narración dél no se salga un punto de la verdad.[11]

Es, pues, de saber que este sobredicho hidalgo, los ratos que estaba ocioso, que eran los más del año, se daba a leer libros de caballerías,[12] con tanta afición y gusto, que olvidó casi de todo punto el ejercicio de la caza, y aun la administración de su hacienda. Y llegó a tanto su curiosidad y desatino[13] en esto, que vendió muchas hanegas[14] de tierra de sembradura para comprar libros de caballerías que leer, y así, llevó a su casa todos cuantos pudo haber dellos; y de todos, ningunos le parecían tan bien como los que compuso el famoso Feliciano de Silva,[15] porque la claridad de su prosa y aquellas entricadas[16] razones suyas le parecían de perlas, y más cuando llegaba a leer aquellos requiebros[17] y cartas de desafíos,[18] donde en muchas partes hallaba escrito:

D. ¿Quiénes viven con don Quijote? ¿Cuántos años tienen?

E. ¿Cuántos años tiene el hidalgo? ¿Cuáles son sus características?

F. ¿Cuáles son los posibles apellidos del hidalgo?

G. ¿Tiene mucho tiempo libre el hidalgo? ¿Qué hace en su tiempo libre?

H. ¿Qué se le olvida hacer al hidalgo por tanto leer?

I. ¿Qué hace para poder comprar más libros?

J. ¿Quién es su autor favorito?

---

1 well-made woolen outfit   **2** silk stockings   **3** overshoes used for warmth   **4** fine brown wool   **5** groom, stable boy   **6** saddled   **7** pruning knife and shears   **8** skinny **9** early riser   **10** hunting   **11** it suffices that in telling his story one not stray in the slightest from the truth   **12** novels of chivalry   **13** nonsense, foolishness   **14** about 1/2 hectare   **15** author (1492–c.1558) of *La segunda Celestina* and many books of chivalry   **16** intricate, convoluted   **17** amorous speeches   **18** challenges

Mientras lees

K. ¿Notas algo curioso de las dos oraciones de de Silva? ¿Son lógicas las oraciones?

L. ¿Qué trataba de hacer el hidalgo con las oraciones?

M. ¿En qué clase de libros aparece don Belianís? ¿Qué le parece curioso al hidalgo sobre las heridas que recibía don Belianís?

N. ¿Qué quiere hacer con la novela de de Silva? ¿Por qué no lo hace?

O. ¿Con quiénes discute el hidalgo la importancia de ciertos personajes de los libros de caballería?

La razón de la sinrazón que a mi razón se hace, de tal manera mi razón enflaquece,[1] que con razón me quejo de la vuestra fermosura.[2] Y también cuando leía: *los altos cielos que de vuestra divinidad divinamente con las estrellas os fortifican, y os hacen merecedora[3] del merecimiento[4] que merece la vuestra grandeza.[5]*

Con estas razones perdía el pobre caballero el juicio,[6] y desvelábase[7] por entenderlas y desentrañarles el sentido,[8] que no se lo sacara ni las entendiera el mismo Artistóteles, si resucitara para sólo ello. No estaba muy bien con las heridas[9] que D. Belianís daba

y recibía, porque se imaginaba que, por grandes maestros que le hubiesen curado,[10] no dejaría de tener el rostro y todo el cuerpo lleno de cicatrices[11] y señales. Pero, con todo, alababa[12] en su autor aquel acabar su libro con la promesa de aquella inacabable[13] aventura, y muchas veces le vino deseo de tomar la pluma y dalle fin[14] al pie de la letra, como allí se promete; y sin duda alguna lo hiciera, y aun saliera con ello, si otros mayores y continuos pensamientos no se lo estorbaran.[15]

Tuvo muchas veces competencia con el cura[16] de su lugar — que era hombre docto, graduado en Sigüenza—, sobre cuál había sido mejor caballero:[17] Palmerín de Inglaterra o Amadís de Gaula; mas[18] maese Nicolás, barbero del mismo pueblo, decía que ninguno llegaba al Caballero del Febo, y que si alguno se le podía comparar,[19] era D. Galaor, hermano de Amadís de Gaula, porque tenía muy acomodada condición para todo; que no era caballero melindroso,[20] ni tan llorón[21] como su hermano, y que en lo de la valentía no le iba en zaga.[22]

. . . .

1 weakens **2** beauty **3** deserving **4** deservedness **5** that your greatness deserves **6** reason, sanity **7** he would stay up **8** unravel their meaning **9** wounds **10** who would have cured him **11** scars **12** praised **13** endless, interminable **14** to take his pen and give it an ending **15** did not impede it **16** priest **17** knight **18** however **19** measured up **20** picky, finicky **21** crybaby **22** as to courage, he was not left behind

En resolución, él se enfrascó[1] tanto en su letura, que se le pasaban las noches leyendo de claro en claro,[2] y los días de turbio en turbio;[3] y así, del poco dormir y del mucho leer, se le secó el celebro,[4] de manera que vino a perder el juicio. Llenósele la fantasía[5] de todo aquello que leía en los libros, así de encantamentos[6] como de pendencias,[7] batallas, desafíos, heridas, requiebros, amores, tormentas y disparates[8] imposibles; y asentósele[9] de tal modo en la imaginación que era verdad toda aquella máquina[10] de aquellas soñadas invenciones que leía, que para él no había otra historia más cierta en el mundo.

P. ¿Por qué duerme muy poco el hidalgo? ¿Qué le llena la fantasía?

Q. ¿Puede distinguir entre la realidad y la fantasía? ¿Cuál es «la historia más cierta en el mundo»?

---

1 immersed himself so much in his reading   **2** from dusk to dawn   **3** muddled and confused   **4** his brain dried up   **5** his imagination filled up with   **6** spells, enchantments **7** quarrels, foolish acts   **8** nonsense, blunders   **9** it settled   **10** machine

Mientras lees

R. ¿Quiénes crees que son todas las personas que menciona?

S. ¿Qué daría Don Quijote por combatir con Galalón?

T. ¿Qué decidió el hidalgo que quería hacer? ¿Para qué?

U. Según el hidalgo, ¿qué hacían los caballeros andantes?

V. ¿Qué adjetivos usa el narrador para describir al hidalgo y sus ideas?

Decía él que el Cid Ruy Díaz había sido muy buen caballero, pero que no tenía que ver con el Caballero de la Ardiente Espada, que de sólo un revés había partido por medio[1] dos fieros y descomunales gigantes.[2] Mejor estaba con Bernardo del Carpio, porque en Roncesvalles había muerto a Roldán el encantado, valiéndose de la industria de Hércules, cuando ahogó a Anteon, el hijo de la Tierra, entre los brazos. Decía mucho bien del gigante Morgante, porque, con ser de aquella generación gigantea, que todos son soberbios y descomedidos,[3] él solo era afable y bien criado. Pero, sobre todos, estaba bien con Reinaldos de Montalbán, y más cuando le veía salir de su castillo[4] y robar cuantos topaba,[5] y cuando en Allende[6] robó aquel ídolo de Mahoma que era todo de oro, según dice su historia. Diera él,[7] por dar una mano de coces[8] al traidor de Galalón, al ama que tenía y aun a su sobrina de añadidura. En efecto, rematado ya su juicio,[9] vino a dar en el más extraño pensamiento que jamás dio loco en el mundo;[10] y fue que le pareció convenible y necesario, así para el aumento de su honra[11] como para el servicio de su república, hacerse caballero andante,[12] y irse por todo el mundo con sus armas y caballo a buscar las aventuras y a ejercitarse[13] en todo aquello que él había leído que los caballeros andantes ejercitaban, deshaciendo todo género de agravio,[14] y poniéndose en ocasiones y peligros donde, acabándolos, cobrase eterno nombre y fama.[15] Imaginábase el pobre ya coronado[16] por el valor de su brazo, por lo menos, del imperio de Trapisonda; y así, con estos tan agradables pensamientos, llevado del extraño gusto que en ellos sentía, se dio priesa a poner en efecto[17] lo que deseaba.

[...]

---

1 with a mere blow he'd cut in half   **2** giants   **3** arrogant, haughty and rude   **4** castle
5 rob whomever he came upon   **6** overseas   **7** He would give   **8** a few blows with his
foot   **9** his reason finished off   **10** he was struck by the strangest idea than ever a
madman had imagined   **11** aggrandizement of his honor   **12** to become knight
errant   **13** to practice   **14** righting every manner of wrongs   **15** surmounting them,
he might earn eternal renown   **16** crowned   **17** he hurried to carry out

Después de leer
Actividades

1 Palabras desconocidas

Escoge cinco palabras o frases del texto que no sabías cuando las leíste. Escribe la oración en la que aparece la palabra o frase. Trata de adivinar el significado de la palabra o frase basándote en las pistas del contexto e indica qué te ayudó a adivinar su significado. Luego busca la definición en un diccionario.

MODELO   **1. PALABRA O FRASE: ocioso**

ORACIÓN: «los ratos que estaba <u>ocioso</u>, que eran los más del año, se daba a leer[1] libros de caballerías, con tanta afición y gusto, que olvidó casi de todo punto[2] el ejercicio de la caza, y aun la administración de la hacienda.»

SIGNIFICADO: que no hace nada activo, que no trabaja, sólo hace lo que le gusta: *lazy*

PISTAS DEL CONTEXTO: no salía a cazar, no administraba la hacienda porque prefería leer

DEFINICIÓN DEL DICCIONARIO: *idle*

2 ¿Cierto o falso?

¿Son las oraciones que siguen ciertas o falsas? Si son falsas, corrígelas para que sean ciertas.

1. El narrador no está seguro del apellido[3] de don Quijote.
2. El narrador menciona el nombre de la ciudad en la que vive don Quijote.
3. A don Quijote le gusta leer libros de ciencia ficción.
4. Don Quijote vende sus tierras para poder comprar libros.
5. William Shakespeare es el autor favorito de don Quijote.
6. Don Quijote entiende todo lo que lee fácilmente.
7. Don Quijote cree que si se hace caballero andante, puede servir a su país[4] y también hacerse[5] famoso.

3 Si yo fuera don Quijote

¿Qué harías tú si fueras don Quijote? ¿Qué enemigos combatirías?[6] ¿Cómo pasarías tu tiempo libre? ¿A quién llevarías contigo en tus aventuras? ¿Qué buscarías? Contesta estas preguntas en por lo menos cinco oraciones.

. . . .

1 he took to reading   **2** completely, in all its facets   **3** last name   **4** country   **5** to become   **6** would you combat

4 Cervantes del siglo XXI

Escoge un trozo del texto que acabas de leer y vuelve a escribirlo[1] en un español moderno y simple para que tenga sentido.[2]

MODELO   «En un lugar de la Mancha de cuyo nombre no quiero acordarme, no ha mucho tiempo que vivía un hidalgo de los de lanza en astillero, adarga antigua, rocín flaco y galgo corredor.»

Hace poco tiempo vivía un señor en una ciudad pequeña con su perro, que era galgo y corría bien rápido, y su caballo, que era rocín (que era flaco y viejo).

5 Yo pienso que...

Contesta las siguientes preguntas. Puedes contestarlas una por una, o puedes escribir un ensayo sobre tu reacción al trozo de *Don Quijote* que acabas de leer, usando algunas de las preguntas como tema para el ensayo.

1. ¿Crees que don Quijote es una buena persona? ¿Cómo lo describirías?

2. ¿Crees que el narrador se está burlando de don Quijote? ¿Por qué sí o por qué no? Usa ejemplos del texto si puedes.

3. ¿Crees que la ficción (ya sea en forma de literatura, película, videojuego...) puede afectar a una persona de una manera drástica? ¿Conoces a alguien que haya cambiado su vida después de haber leído una obra o visto una película?

4. ¿Quiénes son los don Quijotes de hoy día?

5. ¿Ya conocías al personaje de don Quijote a través de[3] la cultura moderna? Por ejemplo, ¿has visto la obra de teatro *Man of La Mancha*?

6. ¿Está obsesionado el hidalgo con la literatura? ¿Cuál crees que era la intención de Cervantes en hacer la literatura el catalizador[4] para las aventuras del hidalgo?

7. ¿Le es difícil a don Quijote distinguir entre la realidad y la fantasía? Indica si esta característica lo hace heroico o simplemente tonto[5] y explica tu respuesta.

8. Algunos expertos dicen que *El ingenioso hidalgo Don Quijote de la Mancha* fue la primera novela moderna. ¿Qué criterios usarías tú para clasificar de novela una obra de literatura? En base a las primeras páginas de *Don Quijote*, crees que califica como una novela según tus criterios?

....

1 rewrite   **2** makes sense   **3** through, by way of   **4** catalyst   **5** dumb

Un poco más...

1 El protagonista y sus aventuras

Don Quijote es un personaje famoso que representa a cualquier persona que sueña en lo imposible. Ahora tú vas a crear a un don Quijote o doña Quijote del siglo XXI en un cuento o en una tira cómica como las de los superhéroes. ¡Recuerda que tú puedes crear a don Quijote o doña Quijote y su mundo como tú quieras!

Antes de empezar, contesta las siguientes preguntas:

- ¿Dónde vive?

- ¿Quién vive con él o ella?

- ¿Cómo se viste?

- ¿Qué clase de libros le gusta leer? ¿Qué películas le gusta ver? ¿Qué juegos electrónicos le gusta jugar?

- ¿Contra qué quiere combatir? ¿Quiénes son sus enemigos?

- ¿Qué clase de aventuras le gustaría tener?

- ¿Tiene un(a) asistente? ¿Quién es?

- ¿Confunde[1] la realidad con la fantasía? ¿Cómo?

- ¿Te identificas[2] con él o ella o te burlas de él o ella? ¿Por qué?

- ¿Lo/La puedes comparar a un héroe de los tiempos modernos, de la literatura o del cine?

- ¿En qué situación lo/la quieres poner? ¿Supera el conflicto o no? ¿Cómo lo hace?

---

1 Does he confuse   **2** Do you identify

2 La portada[1]

Ahora haz un dibujo grande del don Quijote o de la doña Quijote del siglo XXI para ilustrar la portada de tu cuento o tira cómica. Incluye otros detalles de tu cuento o tira cómica, como su asistente, su enemigo y parte del escenario.

3 «El manco[2] de Lepanto»

Investiga los hechos[3] de la batalla de Lepanto de 1571 en la que Cervantes perdió el uso de la mano izquierda. Luego describe la batalla como si Cervantes fuera el hidalgo don Quijote de la Mancha. Utiliza la misma actitud que tiene el narrador de *Don Quijote* hacia el hidalgo protagonista de la novela.

Modelo   **Hace mucho tiempo vivía cerca de Madrid un escritor muy pobre. De desayuno sólo tomaba un vaso de leche y de almuerzo, dos trozos[4] de pan duro con queso. No cenaba pero todas las noches tomaba un poco de vino[5] barato. Después de publicar su primer poema, se alistó en[6] el ejército español...**

- -

1 (book) cover   **2** one-armed man   **3** facts, events   **4** pieces   **5** wine   **6** enlisted

Capítulo 12
El oficio (de *El olor
de la guayaba*) .. 104

Capítulo

12

Antes de leer
El oficio
(de *El olor de la guayaba*)

Estrategia

Las generalizaciones Una generalización es la formulación de una idea general que se puede aplicar a personas, cosas o situaciones que tienen características comunes. Por medio de sus generalizaciones, el lector puede anticipar lo que va a ocurrir en una lectura y entenderla mejor. Si el lector lee algo que no anticipaba o que no tiene sentido, es muy posible que tenga que reevaluar alguna de sus generalizaciones.

Actividades

A **Yo pienso que...** Estudia las siguientes generalizaciones y decide si estás de acuerdo con ellas o no. Luego explica por qué estás o no estás de acuerdo con cada una.

1. Los escritores no les tienen compasión a los personajes que crean.

2. Los escritores usan su imaginación para inventar lo que escriben, lo cual no tiene nada que ver[1] con la realidad ni con su propia vida.

3. Los escritores toman apuntes para organizar su cuento o novela antes de escribir.

4. El acto de escribir se hace más fácil con la práctica y con el tiempo.

5. Los escritores escriben para lograr el éxito literario, y cuando lo logran, tienen más confianza[2] en lo que escriben.

6. Los escritores sólo se expresan por medio de palabras; no utilizan las imágenes.

7. El acto de escribir es un placer.[3]

8. Los escritores sacan todas sus ideas de la gente a sus alrededores.

9. Es difícil escribir un cuento o una novela sobre un tema si uno sabe mucho de ese tema.

10. Los escritores no pueden hacer nada para combatir la falta de inspiración.

B **Mis generalizaciones** Ahora escribe seis generalizaciones tuyas sobre los escritores o el acto de escribir. Incluye ejemplos de situaciones en las que cada generalización es válida. Intercambia tu lista con un(a) compañero(a). ¿Están de acuerdo?

---

1 has nothing to do with   **2** confidence   **3** source of pleasure

El oficio[1]
(de *El olor de la guayaba*)

Gabriel García Márquez nació en 1928 en Aracataca, Colombia, pequeño pueblo de la costa del Caribe donde vivió hasta los ocho años. Trabajó como corresponsal para periódicos de Cartagena, Barranquilla y Bogotá. Ha vivido por todo el mundo—en París, Barcelona, México, Nueva York y Roma. Escritor prolífico, es autor de *La hojarasca* (1955), *El coronel no tiene quien le escriba* (1961), *Los funerales de la Mamá Grande* (1962), *El otoño del patriarca* (1975), *Crónica de una muerte anunciada* (1981), *El amor en los tiempos del cólera* (1985) y quizás su más famosa, *Cien años de soledad* (1967). En 1982, García Márquez recibió el Premio Nobel de Literatura, lo cual le ha aportado reconocimiento mundial[2] como uno de los grandes escritores de la narrativa hispanoamericana.

Mientras lees, piensa en las siguientes preguntas: ¿Sabes algo del escritor latinoamericano Gabriel García Márquez? ¿Crees que el acto de escribir es fácil para un escritor famoso?

Plinio Apuleyo Mendoza nació en 1932 en Tunja, Colombia. Escritor y periodista, ha dirigido[3] en Venezuela las revistas *Elite* y *Momento,* y en Colombia *Acción Liberal* y *Encuentro.* En Francia, estuvo a cargo de[4] la revista *Libre,* en la cual publicó a los escritores latinoamericanos del «boom». También ha servido como director de la revista *Semana* en Colombia. Entre sus libros están *El desertor* (1974) y *Años de fuga,* el cual recibió el Premio de la Novela Colombiana en 1979.

    Apuleyo Mendoza ha sido buen amigo del escritor García Márquez desde su juventud.[5] La entrevista[6] que sigue fue publicada en su libro, *El olor de la guayaba*[7]—*Gabriel García Márquez: Conversaciones con Plinio Apuleyo Mendoza* (1982).

A. Cuando empezó a escribir García Márquez, ¿sabía que quería ser escritor? ¿Por qué siguió escribiendo?

    —Empecé a escribir por casualidad,[8] quizás sólo para demostrarle a un amigo que mi generación era capaz[9] de producir escritores. Después caí en la trampa[10] de seguir escribiendo por gusto y luego en la otra trampa de que nada me gustaba más en el mundo que escribir.

....

1 profession, trade **2** world-wide recognition **3** he has directed **4** in charge of
5 youth **6** interview **7** guava: a pungent tropical fruit **8** by chance **9** capable
10 fell into the trap/habit

—*Has dicho que escribir es un placer. También has dicho que es un sufrimiento.*[1] *¿En qué quedamos?*

—Las dos cosas son ciertas. Cuando estaba comenzando, cuando estaba descubriendo el oficio,[2] era un acto alborozado,[3] casi irresponsable. En aquella época, recuerdo, después de que terminaba mi trabajo en el periódico, hacia las dos o tres de la madrugada, era capaz de escribir cuatro, cinco, hasta diez páginas de un libro. Alguna vez, de una sola sentada,[4] escribí un cuento.

—*¿Y ahora?*

—Ahora me considero afortunado[5] si puedo escribir un buen párrafo en una jornada. Con el tiempo el acto de escribir se ha vuelto[6] un sufrimiento.

—*¿Por qué? Uno diría que con el mayor dominio que tienes del oficio, escribir debe resultarte más fácil.*

—Lo que ocurre simplemente es que va aumentando el sentido de la responsabilidad. Uno tiene la impresión de que cada letra que escribe tiene ahora una resonancia mayor, que se afecta a mucha más gente.

—*Quizás es una consecuencia de la fama. ¿Tanto te incomoda?*[7]

—Me estorba,[8] lo peor que le puede ocurrir a un hombre que no tiene vocación para el éxito literario, en un continente que no estaba preparado para tener escritores de éxito, es que sus libros se vendan como salchichas.[9] Detesto convertirme en espectáculo público. Detesto la televisión, los congresos, las conferencias, las mesas redondas…[10]

[…]

Mientras lees

B. ¿Cómo era el acto de escribir para García Márquez cuando era joven?

C. ¿Por qué sufre ahora cuando escribe?

D. ¿Le gusta la fama que se asocia con su éxito literario? ¿Comó describe García Márquez su éxito literario?

1 act of suffering   **2** profession (writing)   **3** joyful   **4** in a single sitting   **5** fortunate
6 has become   **7** It troubles you that much?   **8** it hinders me, gets in the way
9 sausages, franks   **10** round tables, discussion groups

E. ¿La hoja en blanco lo angustia? ¿Cómo supera esa angustia?

F. ¿De qué nacen sus libros? ¿De qué nacen los libros de otros escritores?

G. ¿De qué imágenes nacieron algunos de sus cuentos? ¿Están basadas estas imágenes en la fantasía o en algo que vio?

—*Te angustia,*[1] *como a otros escritores, ¿la hoja en blanco?*[2]

—Sí, es la cosa más angustiosa que conozco después de la claustrofobia. Pero esa angustia acabó para mí en cuanto leí un consejo[3] de Hemingway, en el sentido de que se debe interrumpir el trabajo sólo cuando uno sabe cómo continuar al día siguiente.

—*¿Cuál es, en tu caso, el punto de partida*[4] *de un libro?*

—Una imagen visual. En otros escritores, creo, un libro nace de una idea, de un concepto. Yo siempre parto de[5] una imagen. *"La siesta del martes"*, que considero mi mejor cuento, surgió de la visión de una mujer y de una niña vestidas de negro y con un paraguas negro, caminando bajo un sol ardiente en un pueblo desierto. *La Hojarasca* es un viejo que lleva a su nieto[6] a un entierro.[7] El punto de partida de *El Coronel no tiene quien le escriba* es la imagen de un hombre esperando una lancha[8] en el mercado de Barranquilla. La esperaba con una especie de silenciosa zozobra.[9] Años después yo me encontré en París esperando una carta, quizás un giro, con la misma angustia, y me identifiqué con el recuerdo[10] de aquel hombre.

—*¿Y cuál fue la imagen visual que sirvió de punto de partida para "Cien Años de Soledad"?*

—Un viejo que lleva a un niño a conocer el hielo[11] exhibido como curiosidad de circo.

—*¿Era tu abuelo, el Coronel Márquez?*

—Sí.

---

1 does it anguish, disturb you   **2** blank page   **3** advice   **4** point of departure
5 begin with   **6** grandson   **7** funeral   **8** boat   **9** quiet anxiety   **10** memory   **11** ice

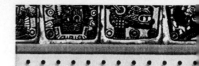

—¿*El hecho*[1] *está tomado de la realidad?*

—No directamente, pero sí está inspirado en ella. Recuerdo que, siendo muy niño, en Aracataca, donde vivíamos, mi abuelo me llevó a conocer un dromedario[2] en el circo. Otro día, cuando le dije que no había visto el hielo, me llevó al campamento de la compañía bananera, ordenó abrir una caja de pargos[3] congelados y me hizo meter la mano. De esa imagen parte todo *Cien años de Soledad.*

—*Asociaste, pues, dos recuerdos en la primera frase del libro. ¿Cómo dice exactamente?*

—Muchos años después, frente al pelotón de fusilamiento,[4] el coronel Aureliano Buendía había de recordar[5] aquella tarde remota en que su padre lo llevó a conocer el hielo."

—*En general, a la primera frase de un libro le asignas mucha importancia. Me dijiste que a veces te llevaba más tiempo*[6] *escribir esta primera frase que todo el resto. ¿Por qué?*

—Porque la primera frase puede ser el laboratorio para establecer muchos elementos del estilo, de la estructura y hasta de la longitud[7] del libro.

—¿*Te lleva mucho tiempo escribir una novela?*

—Escribirla, en sí,[8] no. Es un proceso más bien[9] rápido. En menos de dos años escribí *Cien Años de Soledad.* Pero antes de sentarme a la máquina[10] duré[11] 15 ó 17 años pensando en ese libro.

[...]

—¿*Tomas notas?*

—Nunca, salvo[12] apuntes de trabajo. Sé por experiencia que cuando se toman notas uno termina pensando para las notas y no para el libro.

. . . .

1 event   **2** dromedary (camel)   **3** frozen red snapper   **4** before the firing squad
5 would remember   **6** took you longer   **7** even the length   **8** in and of itself
9 rather, instead   **10** typewriter   **11** I spent   **12** except for

Mientras lees

H. ¿De qué memoria nació su novela más conocida, *Cien años de soledad?*

I. ¿Cuánto tiempo se puede llevar García Márquez en escribir la primera frase?

J. ¿A qué compara García Márquez la primera frase de un libro? ¿Qué elementos puede establecer esa frase?

K. ¿Cuánto tiempo duró pensando antes de escribir *Cien años de soledad?* ¿Cuánto tiempo se llevó en escribir la novela?

L. ¿Por qué no toma notas que le ayuden a escribir?

Mientras lees

M. ¿Ha cambiado su forma de escribir en cuanto a las correcciones? ¿Cómo?

N. ¿Qué método usa García Márquez en el oficio de escribir? ¿De quién lo aprendió?

O. ¿Qué leyó García Márquez que le inspiró a ser escritor? ¿Cuántos años tenía? Según él, ¿cómo se parecen su abuela y Kafka?

—*¿Corrijes¹ mucho?*

—En ese aspecto, mi trabajo ha cambiado mucho. Cuando era joven, escribía de un tirón,² sacaba copias, volvía a corregir. Ahora voy corrigiendo línea por línea a medida que³ escribo, de suerte que al terminar la jornada tengo una hoja impecable, sin manchas ni tachaduras,⁴ casi lista para llevar al editor.

[...]

—*Hablemos de todo el lado artesanal⁵ del oficio de escribir. En este largo aprendizaje que ha sido el tuyo,⁶ ¿podrías decirme quiénes te han sido útiles?*

—En primer término, mi abuela. Me contaba las cosas más atroces sin conmoverse⁷ como si fuera una cosa que acabara de ver.⁸ Descubrí que esa manera imperturbable y esa riqueza⁹ de imágenes era lo que más contribuía a la verosimilitud¹⁰ de sus historias. Usando el mismo método de mi abuela, escribí *Cien Años de Soledad.*

—*¿Fue ella la que te permitió descubrir que ibas a ser escritor?*

—No, fue Kafka, que, en alemán, contaba las cosas de la misma manera que mi abuela. Cuando yo leí a los diecisiete años *La Metamorfosis,* descubrí que iba a ser escritor. Al ver que Gregorio Samsa podía despertarse una mañana convertido en un gigantesco escarabajo,¹¹ me dije: "Yo no sabía que esto era posible hacerlo. Pero si es así, escribir me interesa".

—*¿Por qué te llamó tanto la atención? ¿Por la libertad de poder inventar cualquier cosa?*

---

1 Do you correct *(Corriges)* **2** all at once **3** as, while **4** smudges nor crossed out words **5** Let's speak from the craftsman's angle **6** this long apprenticeship of yours **7** the most atrocious things, unmoved **8** had just seen **9** wealth **10** credibility **11** giant beetle

—Por lo pronto comprendí que existían en la literatura otras posibilidades que[1] las racionalistas y muy académicas que había conocido hasta entonces en los manuales del liceo.[2] [...] Con el tiempo descubrí, no obstante,[3] que uno no puede inventar o imaginar lo que le da la gana,[4] porque corre el riesgo de decir mentiras,[5] y las mentiras son más graves[6] en la literatura que en la vida real. Dentro de la mayor arbitrariedad aparente, hay leyes.[7] Uno puede quitarse la hoja de parra[8] racionalista, a condición de no caer en el caos, en el irracionalismo total.

—*¿En la fantasía?*

—Sí, en la fantasía.

—*¿La detestas? ¿Por qué?*

—Porque creo que la imaginación no es sino un instrumento de elaboración de la realidad. Pero la fuente[9] de creación al fin y al cabo es siempre la realidad. Y la fantasía, o sea la invención pura y simple, a lo Walt Disney, sin ningún asidero[10] en la realidad, es lo más detestable que pueda haber. [...]

—*Green te enseñó también algunas cosas. Lo hemos hablado alguna vez.*

—Sí, Graham Greene me enseñó nada menos que a descifrar el trópico. A uno le cuesta mucho trabajo[11] separar los elementos esenciales para hacer una síntesis poética en un ambiente que conoce demasiado porque sabe tanto que no sabe por dónde empezar y tiene tanto que decir que al final no sabe nada. Ese era mi problema con el trópico. [...] Graham Greene resolvió ese problema literario de un modo muy certero:[12] con unos pocos elementos dispersos, pero unidos por una coherencia subjetiva muy sutil y real. Con ese método se puede reducir todo el enigma del trópico a la fragancia de una guayaba podrida.[13]

—*En definitiva, ¿el periodismo te ha servido de algo[14] en el oficio literario?*

—Sí, pero no como se ha dicho a encontrar un lenguaje eficaz.[15] El periodismo me enseñó recursos para darle validez a mis historias. Ponerle sábanas[16] (sábanas blancas) a Remedios la bella para hacerla subir al cielo,[17] o darle una taza de chocolate (de chocolate y no de otra bebida) al padre Nicanor Reina antes de que se eleve[18] diez centímetros del suelo, son recursos o precisiones de periodista, muy útiles.

. . . .

1 than   **2** that I'd learned about in high school texts   **3** however   **4** whatever one wants   **5** risks telling lies   **6** a more serious matter   **7** laws   **8** fig leaf   **9** source **10** handle   **11** it's a lot of work   **12** accurate, apt   **13** spoiled, over-ripened **14** has journalism been of any use to you   **15** effective language   **16** sheets **17** heavens   **18** he elevates

Mientras lees

P. Según García Márquez, ¿por qué no puede un escritor inventar cualquier cosa?

Q. ¿Cómo define García Márquez la fantasía? ¿Por qué la detesta? ¿Qué ejemplo ofrece de este tipo de fantasía?

R. ¿Qué lección aprendió de Graham Greene?

S. ¿Estás de acuerdo que el olor de la guayaba podrida puede ser una síntesis poética del trópico? Explica.

T. ¿Qué aprendió García Márquez del periodismo? ¿Cuál es el propósito de incluir detalles como sábanas blancas y chocolate?

[...]

—*Antes de escribir una novela ¿sabes con exactitud lo que va a ocurrirle a cada uno de tus personajes?*

—Solo de una manera general. En el curso del libro[1] ocurren cosas imprevisibles.[2] La primera idea que tuve del coronel Aureliano Buendía es que se trataba de un veterano de nuestras guerras civiles que moría orinando[3] debajo de un árbol.

—*Mercedes me contó que sufriste mucho cuando se murió.*

—Sí, yo sabía que en un momento dado tenía que matarlo,[4] y no me atrevía.[5] El coronel estaba viejo ya, haciendo sus pescaditos de oro. [...] Tenía que matarlo. Cuando terminé el capítulo, subí temblando al segundo piso de la casa donde estaba Mercedes. Supo lo que había ocurrido cuando me vio la cara. "Ya se murió el Coronel", dijo. Me acosté en la cama y duré llorando dos horas.

—*¿Qué es para ti la inspiración? ¿Existe?*

—Es una palabra desprestigiada por[6] los románticos. Yo no la concibo[7] como un estado de gracia ni como un soplo divino,[8] sino como una reconciliación con el tema a fuerza de tenacidad y dominio. Cuando se quiere escribir algo, se establece una especie de tensión recíproca entre uno y el tema,[9] de modo que uno atiza[10] al tema y el tema lo atiza a uno. Hay un momento en que todos los obstáculos se derrumban,[11] todos los conflictos se apartan, y uno se le ocurren cosas que no había soñado, y entonces no hay en la vida nada mejor que escribir. Eso es lo que yo llamaría inspiración.

u. ¿Cómo se sintió al escribir la muerte del coronel Aureliano Buendía?

v. ¿Qué tiene que ocurrir entre el escritor y el tema antes de que el escritor escriba cosas que no había soñado?

1 In the course (of writing) **2** unforeseen **3** urinating **4** to kill him **5** I didn't dare
6 discredited because of **7** conceive of it **8** state of grace nor as divine intervention
9 between one (the writer) and the topic **10** stir up, fan **11** obstacles are toppled

—*Te ocurre, a veces, en el curso de un libro, ¿perder este estado de gracia?*

—Sí, y entonces vuelvo a reconsiderar todo desde el principio. Son las épocas en que compongo con un destornillador las cerraduras y los enchufes de la casa,[1] y pinto las puertas de verde, porque el trabajo manual ayuda a veces a vencer el miedo[2] a la realidad.

—*¿Dónde puede estar la falla?*[3]

—Generalmente responde a un problema de estructura.

—*¿Puede a veces ser un problema muy grave?*

—Tan grave que me obliga a empezar todo de nuevo.

[...]

—*¿Tuviste otros problemas, fuera de los relacionados con[4] la estructura y la psicología del personaje central?*

—Sí, hubo un momento en que descubrí algo muy grave: no conseguía que hiciera calor[5] en la ciudad del libro. Era grave, porque se trataba de una ciudad en el Caribe, donde debía hacer un calor tremendo.

—*¿Cómo lo resolviste?*

—Lo único que se me ocurrió fue cargar con toda mi familia para[6] el Caribe. Estuve errando[7] por allí casi un año, sin hacer nada. Cuando regresé a Barcelona, donde estaba escribiendo el libro, sembré algunas plantas, puse algún olor,[8] y logré por fin que el lector sintiera el calor de la ciudad. El libro terminó sin más tropiezos.[9]

[...]

. . . .

1 I repair locks and outlets with a screwdriver   **2** to conquer fear   **3** flaw
4 beyond those relating to   **5** I couldn't get it to be hot   **6** to pack up the whole family
and go   **7** wandering   **8** some scents   **9** difficulties

Mientras lees

w. ¿Cómo le ayuda el trabajo manual en el oficio de escribir?

x. ¿Cuáles son tres problemas del oficio de escribir que se mencionan? ¿Cómo resuelve García Márquez dos de los problemas?

—*Has dicho que toda buena novela es una transposición poética de la realidad. ¿Podrías explicar este concepto?*

—Sí, creo que una novela es una representación cifrada[1] de la realidad, una especie de adivinanza[2] del mundo. La realidad que se maneja en una novela es diferente a la realidad de la vida, aunque se apoye en ella. Como ocurre con los sueños.

—*El tratamiento de la realidad en tus libros, especialmente en "Cien Años de Soledad" y en "El Otoño del Patriarca", ha recibido su nombre, el de realismo mágico. Tengo la impresión de que tus lectores europeos suelen advertir la magia[3] de las cosas que tú cuentas, pero no ven la realidad que las inspira…*

—Seguramente porque su racionalismo les impide ver[4] que la realidad no termina en el precio de los tomates o de los huevos. La vida cotidiana[5] en América Latina nos demuestra que la realidad está llena de cosas extraordinarias. A este respecto suelo siempre citar[6] al explorador norteamericano F.W. Up de Graff, que a fines del siglo pasado hizo un viaje increíble por el mundo amazónico en el que vio, entre otras cosas, un arroyo de agua hirviendo[7] y un lugar donde la voz humana provocaba aguaceros torrenciales.[8] En Comodoro Rivadavia, en el extremo sur de la Argentina, vientos del polo[9] se llevaron por los aires un circo entero. Al día siguiente, los pescadores sacaron en sus redes[10] cadáveres de leones y jirafas. [...] Basta abrir los periódicos para saber que entre nosotros cosas extraordinarias ocurren todos los días. Conozco gente del pueblo raso[11] que ha leído *Cien Años de Soledad* con mucho gusto[12] y con mucho cuidado, pero sin sorpresa alguna, pues al fin y al cabo[13] no les cuento nada que no se parezca a la vida que ellos viven.

—*Entonces, ¿todo lo que pones en tus libros tiene una base real?*

—No hay en mis novelas una línea que no esté basada en la realidad.

[...]

Y. ¿Quiénes no ven la realidad que inspira el «realismo mágico»? ¿Qué ejemplos da García Márquez de las cosas extraordinarias que ocurren en Latinoamérica?

Z. Según García Márquez, ¿cuánto de lo que escribe en sus libros está basado en la realidad?

EL ESPECTADOR

5 pesos	Domingo 12 de diciembre de 1954

VIENTOS DEL POLO SE LLEVAN POR LOS AIRES UN CIRCO ENTERO:
Al día siguiente sacan del mar leones y jirafas

1 coded, summarized   2 riddle   3 notice the magic   4 keeps them from seeing
5 daily life   6 I usually always quote   7 a stream of boiling water   8 heavy rains
19 polar winds   10 fishermen caught in their nets   11 from the countryside
12 enjoyment   13 after all

Después de leer
Actividades

1 Los escritores

Ahora vuelve a evaluar tus reacciones a las generalizaciones de la Actividad A, de Antes de leer. Indica cómo García Márquez trata el tema de cada generalización y si estás de acuerdo con su punto de vista. También examina tus generalizaciones de la Actividad B: indica qué de la entrevista ha afectado tus ideas sobre los escritores y el acto de escribir.

MODELO   **Claro, yo ya sabía que los escritores tienen que tenerles compasión a sus personajes, pero ¡nunca me imaginé que lloraban cuando moría uno de ellos! ¡García Márquez dijo que lloró por dos horas!**

2 Según García Márquez...

Escoge la respuesta correcta según la entrevista con García Márquez.

1. El acto de escribir es _____
  a. un placer.
  b. un sufrimiento.
  c. un placer y un sufrimiento.

2. Los libros de García Márquez siempre empiezan _____
  a. como una imagen visual.
  b. en sus sueños.
  c. como un concepto intelectual.

3. La inspiración es _____
  a. un estado de gracia, un soplo divino.
  b. la tensión entre el escritor y el tema.
  c. la reconciliación del escritor con el tema.

4. García Márquez pasa _____ pensando en un libro _____ escribiéndolo.
  a. mucho tiempo / y poco tiempo
  b. poco tiempo / y mucho tiempo
  c. la misma cantidad de tiempo / que

5. La primera frase de un libro es la más importante porque establece _____
  a. todos los personajes necesarios.
  b. los elementos de estilo y de estructura de la novela.
  c. el tema principal de la novela.

6. El periodismo le enseñó a García Márquez _____
  a. a ser más preciso en sus descripciones.
  b. a encontrar un lenguaje eficaz.
  c. a escribir rápidamente.

7. La fantasía no es _____
  a. la elaboración de la realidad
  b. la invención sin base en la realidad
  c. un mundo donde no hay leyes

8. Todo lo que ha escrito García Márquez está basado _____
  a. en la fantasía.
  b. en la imaginación.
  c. en la realidad.

3 ◆ Si yo fuera escritor(a)...

Escribe seis oraciones que expliquen qué harías tú si fueras escritor(a). ¡Sé imaginativo(a)!

MODELO   **Si yo fuera escritora, yo escribiría novelas de ciencia ficción.**

En mi primera novela, inventaría monstruos con cabezas de computadora.

4 ◆ Entrevista con un(a) artista famoso(a)

Imagina que eres entrevistador(a) para un periódico o un canal de televisión. Vas a entrevistar a tu artista favorito(a). ¿Qué te gustaría saber sobre su oficio, sus obras y su vida? ¿Qué le preguntarías? Haz una lista de diez preguntas que le harías para tu artículo o en tu programa de televisión.

5 ◆ En mis propias palabras

Escribe en un ensayo tus pensamientos sobre los escritores, la escritura, el acto de escribir y el poder de la palabra. Puedes usar las siguientes preguntas como guía o puedes escribir el ensayo basándote en tus propias ideas.

- ¿Por qué es importante que los escritores escriban?
- ¿Cómo transforma el escritor las escenas de su vida en narrativas ficticias interesantes?
- ¿Qué requiere el acto de escribir?
- ¿Qué efecto tiene la literatura (o los guiones para el cine) en la población general?
- ¿Cuál es la atracción de inventar mundos nuevos a través de la escritura?
- ¿Es importante que el escritor lea obras de otros autores?
- ¿Cómo se aprende[1] a escribir?
- ¿Cuáles son las características de personalidad más útiles para el escritor?
- ¿Es fácil o difícil ganarse la vida[2] como escritor? ¿Qué consejos le darías a una persona que quiere ser escritor?

....

1 How does one learn   **2** to make a living

Un poco más...

① Encuentro[1] con los autores y los personajes

Trabaja con un(a) compañero(a) y escojan uno de los autores y uno de los personajes de este libro. Escriban un guión para entrevistarlos y luego representen las entrevistas en frente de la clase.

- Para la entrevista con el autor, busquen información en libros y revistas de consulta o por Internet. Para la entrevista con el personaje, busquen en la lectura correspondiente hechos de los personajes que les interesaron. Investiguen también la época[2] en que toma lugar el cuento.

- Hagan dos listas de preguntas basándose en la información que encontraron. Pueden incluir preguntas de la Actividad 4 de Después de leer.

- Decidan quién va a hacer el papel del autor y quién va a hacer el del entrevistador. Intercambien papeles para la entrevista con el personaje. Dramaticen las entrevistas en frente de la clase y ¡déjense llevar por la curiosidad![3]

1 encounter   2 time period   3 let your curiosity guide you

Glosario

Respuestas

Agradecimientos

Glosario

a medida que *at the same time as, as*
a partir de *starting from*
a pesar de *in spite of*
a punto de *about to*
a solas *alone*
a su vez *in turn*
a través (de) *through, by means of*
abandonar *to give up*
el **abismo** *abyss*
abominablemente *despicably*
abotagado(a) *bloated*
el **abra** *clearing;* **el abra de espartillo** *grass clearing*
absorbido(a) *absorbed*
absorto(a) *absorbed;* **al quedar absorto** *upon becoming absorbed*
abstraerse *to engross oneself*
el **aburrimiento** *boredom*
aburrirse *to get bored*
acabar *to end, to end up, to finish, to be over;* **acababa** *ended up;* **acabar de ver** *to have just seen something;* **se acabó** *that's final*
acariciar *to caress, to stroke*
acaso *perhaps*
la **acera** *sidewalk*
acercarse *to draw closer, to approach*
acertado(a) *right, correct*
acertar *to get right*
aclarar *to clarify, to clear up*
acomodado(a) *suitable, well-to-do*
acontecer *to happen*

el **acontecimiento** *event*
acostumbrado(a) *accustomed, usual*
acostumbrarse *to become accustomed*
la **actitud** *attitude*
actualmente *at present, currently*
acudir *to gather, to go*
la **acusación** *accusation*
achinado(a) *used to describe features similar to those characteristic of the Mongol race*
la **adarga** *coat-of-arms*
adecuadamente *adequately*
adelante: en adelante *from now on, from here forward*
la **adivinanza** *riddle, puzzle*
adivinar *to guess*
admirablemente *admirably*
admitir *to allow;* **no admite el amor** *doesn't allow for love*
adorar *to adore*
adquirir *to acquire;* **adquiere** *acquires*
la **adquisición** *purchase*
adueñarse de *to take possession of*
advertir *to point out, to notice*
afable *nice, agreeable*
el **afán** *enthusiasm, urge*
afectar *to affect;* **¿cómo afectaría?** *how would it affect?;* **¿hasta qué punto te dejas afectar?** *how much do you let it affect you?*
la **afición** *fondness, affinity*

afilar *to sharpen, to put a point on*
afortunado(a) *fortunate*
afuera *outside*
las **afueras** *outskirts*
agasajar *to fete, to entertain*
agazapado(a) *hidden, restrained*
agitado *agitated*
agitar *to move;* **agitar el brazo** *wave her arm*
agradable *pleasant*
agradar *to please;* **le agradaría** *it would please her, he/she would like*
agradecer *to be grateful for*
el **agravio** *wrong, offense*
agrio *bitter*
el **aguacero** *heavy rain*
aguardar *to wait for, to await*
agudizar *to intensify*
la **aguja** *needle*
ahogado(a) *drowned*
ahogar *to drown, to choke*
ahorita *right now*
ahuyentar *to dispel, to drive out, to banish*
el **aire** *air;* **aire distinguido** *distinguished look;* **por los aires** *through the air*
aislarse *to isolate oneself*
ajeno(a) *strange, of another, foreign*
al fin y al cabo *when all is said and done, after all*
al menos *at least*
al revés *backwards, upside down*
alabar *to praise*
el **alambrado** *wire fence*

Glosario

el **alambre** *wire;* **el alambre de púa** *barbed wire*

la **alameda** *tree-lined avenue*

el **alba** *dawn, daybreak*

albeante *white*

alborotado(a) *agitated*

alborozado(a) *joyful*

el **alcance** *reach*

alcanzar *to reach, to achieve;* **alcanzar a escuchar** *to manage to hear*

la **alegría** *happiness*

alfombrado(a) *carpeted*

álgido(a) *freezing*

alguien *someone*

algunos, algunas *some*

la **alhaja** *jewelry*

el **aliento** *breath*

alistarse *to enlist*

allende *overseas, beyond*

el **alma** *soul, spirit*

la **almendra** *almond*

los **alrededores** *surroundings*

alrededor *around*

alto(a) *tall, high;* **del alto de** *as tall as;* **en lo alto** *at the top*

la **alucinación** *hallucination*

alzar *to raise, to rise;* **alzar la vista** *to look up*

la **ama** *housekeeper* (in modern usage, **el ama**)

la **'amá** *mom (informal for* **mamá**)

el **amado, la amada** *beloved, loved one*

amado(a) *beloved, cherished*

amanecer *to dawn;* **aún no amanecía** *it still wasn't light out*

el **amante, la amante** *lover*

amar *to love*

amargado(a) *embittered*

amargo(a) *bitter*

amazónico *Amazon;* **el mundo amazónico**

Amazon region

el **ambiente** *atmosphere, surroundings;* **la calma ambiente** *surrounding calm*

el **ámbito** *surroundings*

la **amenaza** *threat*

amenazador, (-ora) *threatening*

amenazar *to threaten*

amenguar *to decrease, to diminish*

el **amigo íntimo, la amiga íntima** *close friend*

aminorar *to lessen, to slow down*

la **amistad** *friendship*

el **amo** *master*

el **amor** *love*

la **ancianidad** *old age*

ancho(a) *wide*

la **angustia** *anguish*

angustiar *to anguish, to disturb*

angustioso(a) *distressing*

anhelante *longing, yearning*

el **anillo** *ring*

anochecer *to get dark as night falls*

anotar *to write down*

ante *with regard to, in view of*

anticipar *to anticipate, to foresee*

el **anuncio** *advertisement*

añadidura *addition*

apagado(a) *turned off, drowned out*

la **aparcería** *joint ownership, partnership*

aparecer *to appear;* **que aparezca** *that appears*

la **apariencia** *appearance*

apartarse *to move away*

aparte *separate*

apasionado *passionate*

el **apellido** *last name*

apenas *barely, scarcely*

el **apéndice** *appendix*

apeñuscado(a) *crammed together*

aplicar *to apply;* **mal aplicado** *badly applied;* **si no te aplican a ti** *if they do not apply to you*

el **apoderado** *representative*

apoderar *to authorize, to empower;* **apoderarse de** *to take over, to seize;* **que se apoderara** *that it would overpower*

el **apodo** *nickname*

el **aporte** *contribution*

aposta *on purpose, deliberately*

apoyar *to support*

el **aprendizaje** *apprenticeship, learning*

apresuradamente *in a hurry, hastily*

apresurar *to hurry*

apretar *to press, to squeeze*

apretujar *to squeeze*

aprisionar *to imprison, to trap*

aprovechar *to take advantage*

aproximado(a) *approximate*

apuntar *to write down*

apurado(a) *hurriedly, rushed, in a hurry*

apurarse *to worry;* **no te apures** *don't worry*

aquel, aquella *that*

aquél, aquélla *that one*

aquellos(as) *those*

la **arbitrariedad** *arbitrariness*

el **archivo** *file*

el **arco iris** *rainbow*

ardiente *hot, blazing*

la **arena** *sand*

el **arenal** *sand dune, sandy area*

árido(a) *dry*

la **arista** *rough edge*

las **armas** *weapons*

el **arquitecto, la arquitecta** *architect*

arrancar *to start, to pull out, to snatch*

arrellanar *to settle comfortably*

el **arrorró** *lullaby*

el **arroyo** *stream, river*

la **arruga** *wrinkle*

arruinar *to ruin*

arrullar *to lull or sing to sleep;* **en arruyo** *crooning*

el **arrullo** *lullaby*

la **arrurrupata** *lullaby*

artesanal *relating to crafts, craftsmanship*

ascender *to rise*

asear *to clean up*

asegurar *to reassure, to assure, to secure, to insure, to make sure*

asentar *to settle, to establish itself;* **asentósele en la imaginación** *it settled in his imagination*

asidero *handle, grip*

asignar *to assign*

asociar *to associate*

asolearse *to sunbathe*

el **aspecto** *look;* **el aspecto físico** *physical appearance*

áspero(a) *rough, rugged*

aspirar *to aspire to*

el **astillero** *rack for lances*

asumir *to take on*

asustar *to frighten*

atado(a) *tied*

el **atardecer** *evening, dusk*

el **ataúd** *coffin*

atender *to look after, to take care of*

atenuar *to diminish;* **lo pudiera atenuar** *could diminish it*

atizar *to stir up, to fan*

atorarse *to get stuck*

atraer la atención *to attract attention*

atrapado(a) *entrapped, trapped*

atrás *behind;* **un año atrás** *a year ago*

atravesar *to cross*

atreverse *to dare, to manage*

atrevido(a) *daring, bold*

atribuido(a) *designated, determined*

atribuirlo *to attribute it to*

atropelladamente *stumbling over him/herself, hastily*

atroz *horrible, atrocious*

aturrullado(a) *dazed*

el **aumento** *increase*

aun *even*

aún *yet* (time)

la **ausencia** *absence*

ausente *absent*

la **autenticidad** *authenticity*

el **autor, la autora** *author*

autorizado(a) *authorized*

avanzar *to advance, to move forward;* **habían avanzado** *had advanced*

avecinarse *to approach, to draw near*

la **aventura** *adventure*

averiguar *to find out*

el **azar** *coincidence, chance*

B

bajar *to go downstairs, to descend, to lower*

bajo *under*

la **bala de parabellum** *bullet for a 9 mm cartridge*

el **balde** *bucket*

el **banco de mecánica** *workbench*

la **banqueta** *sidewalk, pavement*

el **banquete** *banquet*

el **bañado** *marshland*

el **baño** *bathroom*

el **bárbaro** *barbarian*

el **barbero** *barber*

la **barriga** *belly*

el **barrio** *neighborhood*

basado en *based on*

basarse *to base oneself*

base: en base a, con base en *based on*

bastar *to be enough, to suffice*

la **bata** *robe*

la **batalla** *battle*

el **bebé** *baby*

la **beca** *scholarship*

la **belleza** *beauty*

bello(a) *beautiful, lovely;* **las bellas artes** *fine arts*

benévolo(a) *benevolent*

el **beso** *kiss*

la **bisabuela** *great grandmother*

bizco *cross-eyed*

el **blanqueador** *bleach*

blanquear *to whiten*

el **bloque** *block*

boca abajo *face down*

bocarriba *face up*

la **bofetada** *slap*

la **bola** *ball, number (for lottery)*

el **bolsillo** *pocket*

la **bolsita** *little bag*

el **bombo** *drum*

bordar *to embroider*

boricua *Puerto Rican*

el **borrador** *rough draft*

borrar *to erase;* **de haberse borrado** *of having been erased*

el **borreguito** *lamb*

el **brazalete** *bracelet*

el **brillo** *shine*
la **brisa** *breeze*
la **brizna** *strand (of something)*
la **broma** *joke*
brotar *to sprout*
la **bruja** *witch*
la **bruma** *mist*
bruscamente *abruptly*
el **bulto agónico** *dying figure*
la **burla** *taunt;* **hacerle burla** *to make fun of someone*
burlarse de *to make fun of;* **que los demás se burlen** *that others make fun of*
el **buró** *bureau, bedside table*

el **caballero** *knight;* **el caballero andante** *knight errant*
la **cabaña** *cabin*
el **cabello** *hair*
la **cabeza** *head;* **la cabeza al aire** *hatless;* **los quebraderos de cabeza** *worries, headaches*
cabezón *having a big head, stubborn*
cabida *capacity;* **darle cabida** *to leave room for it;* **hallar cabida** *to find room*
el **cacharro** *earthenware, pottery*
los **cachetes** *cheeks*
cachetón *having big cheeks*
el **cachorro** *pup,* *(figuratively) son, child*
el **cacto** *cactus*
el **cadáver** *dead body*
la **cajita** *little box*
calcular *to calculate*
callado(a) *quiet*

callarse *to be silent*
la **calma** *calm;* **con toda calma** *calmly*
las **calzas** *stockings;* **las calzas de velludo** *silk stockings*
los **calzones** *shorts, underwear*
el **camino** *path*
el **camión** *truck*
la **camioneta** *van*
el **campamento** *camp*
la **canción de cuna** *lullaby*
candente *burning, ardent*
el **candidato, la candidata** *candidates*
el **cántaro** *pitcher, heavy rain*
la **cantidad** *quantity*
el **cañonazo** *cannon shot, buckshot*
el **caos** *chaos*
la **capacidad** *ability*
capaz *capable;* **capaz de llorar** *able to cry*
el **capítulo** *chapter*
capturar *to capture*
la **cara** *face, expression;* **de cara a** *facing*
Carabanchel *neighborhood in Madrid*
el **caracol** *spiral-shaped shell*
la **característica** *characteristic*
caramba *my goodness!*
la **cárcel** *jail*
cargar *to carry, to load;* **cargar con toda mi familia** *to pack up the family and go*
el **cargo** *duty, obligation;* **a cargo de** *in charge of*
la **caricia** *caress*
cariñosamente *affectionately*
la **carne** *flesh*
el **carnero** *sheep, mutton*
la **carrera** *career, course of study to prepare for a career;* **la carrera de leyes** *study of law*

la **carreta de bueyes** *ox cart*
el **cartapacio** *portfolio*
el **cartucho** *cartridge*
el **casal** *rural house in the country; couple*
casero(a) *domestic, home-loving*
el **caserón** *huge house*
el **caso** *case;* **todas las observaciones del caso** *all of the observations that apply*
el **casquetón** *helmet*
el **castigo** *punishment*
el **castillo** *castle*
el **catalizador** *catalyst*
la **catarata** *waterfall*
católico(a) *Catholic*
la **causa** *cause*
la **caza** *hunting;* **la caza de pelo** *hunting of larger game*
cazar *to hunt;* **cazar no importa qué** *to hunt anything*
el **celebro** *brain* (archaic)
la **ceniza** *ash*
el **centavo** *cent*
el **centelleo** *sparkle, flash*
la **centuria** *century, group of 100*
ceñido(a) *held tighly in an embrace*
la **cerámica** *pottery*
el **cerebro** *brain*
la **ceremonia** *ceremony*
cerrado(a) *closed*
la **cerradura** *lock, doorknob*
cerrar *to close;* **te cerrara la boca** *would close your mouth*
certero(a) *accurate, precise*
cesar *to stop*
el **cesto** *basket*
el **champán** *champagne*
las **chanclas** *sandals, slippers*
la **charola** *tray*
chico(a) *small, young*

el **chicotazo** *lash*
chiquito(a) *small*
chocar *to crash*
el **chorizo** *sausage*
el **chulito** *wise guy*
la **cicatriz** *scar*
ciego(a) *blind*
el **cielo** *sky, heaven*
el **ciempiés** *centipede*
el **científico, la científica** *scientist*
la **cifra** *number, quantity*
cifrado(a) *coded, summarized*
el **cigarrillo** *cigarette, cigar*
el **cigarro** *cigar, cigarette*
la **cinta** *ribbon*
la **cintura** *waist*
el **círculo** *circle*
la **cita** *quotation*
citar *to quote*
el **ciudadano, la ciudadana** *citizen;* **hacerse ciudadano** *to become a citizen*
clamar *to cry out*
la **claridad** *clarity*
el **claro** *light;* **de claro en claro** *from dusk to dawn*
la **claustrofobia** *claustrophobia, fear of enclosed spaces*
clavar *to nail*
la **clave** *key*
la **coartada** *alibi*
la **cobija** *blanket*
cobrar *to charge, to gain;* **cobrar vida propia** *to take on a life of its own;* **cobrase eterno nombre y fama** *he would earn eternal renown*
la **cocinera** *cook*
el **cochino** *pig, rotten person*
el **codazo** *(elbow) jab, nudge*
coger *to take, to grab*
la **coherencia** *coherence,*

unity; **dar coherencia** *to make sense of*
la **coladera** *drain, gutter*
colarse *to filter, to penetrate;* **las lluvias se han colado** *the rains have flooded the drains*
la **colcha** *bedspread*
la **colleja** *slap, cuff on the neck*
colmo: para colmo de males *to make matters worse*
colocar *to place*
la **colonia** *colony*
la **comadre** *midwife*
combatir *to combat*
comentar *to talk about*
el **comerciante** *businessman*
cómodamente *comfortably*
el **compañerismo** *companionship*
la **compañía** *company;* **la compañía bananera** *banana company*
comparar *to compare*
el **compás** *beat, rhythm;* **a compás de** *on the same beat as*
la **competencia** *competition, contest*
complicado(a) *complicated*
componer *to compose, to invent, to fix*
el **comportamiento** *behavior*
comportarse *to behave*
comprender *to understand*
la **comprensión** *understanding, comprehension*
comprobar *to check, to prove;* **comprobar si has acertado** *to check if you are right*
compuso *(inf.* **componer***) he/she composed*

común *common, ordinary*
comunicar *to communicate*
con tal de *in order to, as long as, provided that*
concebir *to conceive, to understand*
conceder *to give, to admit;* **conceder la razón** *to admit that someone is right*
concentrar *to concentrate*
concertar *to coordinate*
la **concha** *shell*
conciliante *conciliatory, agreeable*
conciliar el sueño *to fall asleep*
concluir *to conclude;* **¿qué concluyes?** *what do you conclude?*
concretar *to take shape*
condición: a condición de que *so long as*
el **conejo** *rabbit*
la **conferencia** *lecture*
confesar *to admit*
la **confianza** *confidence, trust;* **la mutua confianza** *trust in each other*
confundir *to confuse*
congelado(a) *frozen*
el **congreso** *conference, symposium*
la **conjetura** *conjecture, guess*
conmoverse *to be moved* (emotionally)
conmovido(a) *moved, touched*
conocido(a) *known*
el **conocimiento** *knowledge;* **el conocimiento previo** *previous knowledge*
conquistar *to conquer;* **había de conquistarlo** *had to win him over*

consciente *conscious*

conseguir *to get, to obtain, to attain;* **lo habían conseguido** *had managed to do it;* **para conseguirlo ha debido** *to achieve it he's had to*

el **consejero, la consejera** *counselor, advisor*

el **consejo** *advice*

conservar *to preserve*

consignar *to assign;* **he debido consignarlo** *I was supposed to report it/him*

consiguiente *resulting*

constar *to point out;* **que conste que** *for the record*

constelado(a) *starry*

construir *to build*

consumado(a) *perfect*

consumir *to consume*

el **consumo** *consumption*

contar *to tell, to count;* **contar con** *to count on;* **que se lo hubiera contado** *that she would have told her;* **se cuenta** *is told*

contemplar *to contemplate, to watch*

contener *to contain*

el **contenido** *contents*

contestar *to answer;* **¿cómo contestaría?** *how would they answer?*

la **continuidad** *continuity*

el **contorno** *outline, contour*

contra *against*

contraer nupcias *to get married*

contrastar *to contrast*

contratar *to hire*

convencer *to convince*

convenible *fair*

convertirse en *to become, to turn into;* **en el que te**

conviertes en *in which you turn into*

el **corazón** *heart*

coronado *crowned*

corredor(-ora) *runner, that runs a great deal*

corregir *to correct*

corresponder *to match, to go with, to be the job or responsibility of;* **a ti te corresponde** *it's your job*

el **corresponsal, la corresponsal** *correspondent*

corriente *common, ordinary, everyday*

el **cortaplumas** *penknife*

cortesano(a) *courteous, courtly*

la **cortina** *curtain*

coser *to sew*

el **costado** *side;* **al costado** *beside*

costar *to cost;* **cuesta mucho trabajo** *it's a lot of work;* **me costó trabajo** *it was hard work for me*

costear *to go along the edge of*

la **costilla** *rib;* **a mis costillas** *at my expense*

la **costumbre** *custom, tradition;* **que de costumbre** *than usual*

el **costurero** *sewing box*

la **creación** *creation*

creador, (-ora) *creative*

crecer *to grow;* **cuando crezca** *when I/he/she grows up*

la **creencia** *belief*

creer *to believe;* **sigo creyéndolo** *I continue to believe*

el **crepúsculo** *twilight, dusk*

el **criado, la criada** *servant*

criar *to raise;* **bien criado** *well mannered*

criarse *to be raised, to grow up*

la **criatura** *child*

el **cristal** *lens, window, crystal*

el **Cristo** *statue or figure of Jesus*

la **crítica** *critique*

el **cromo níquel** *nickel chromium (metal alloy)*

la **crónica** *chronicle*

crucial *important*

cuadrado(a) *square*

el **cuadro** *chart*

cualesquiera *any*

la **cualidad** *(inherent) quality*

cualquier(-ra) *anyone, whichever*

cuantos *how much;* **cuantos pudo haber** *all that there were*

el **cuartel** *barracks*

cubrir *to cover*

la **cuestión** *matter*

el **cuidado** *care*

la **culpa** *fault;* **qué culpa tenía yo** *why was I to blame*

el **culpable** *guilty one*

cumplir *to turn;* **a los nueve meses que acabo de cumplir** *at nine months old*

la **cuna** *crib, cradle*

el **cura** *priest*

curar *to cure, to heal;* **que le hubiesen curado** *who would have cured him*

la **curiosidad** *curiosity*

curioso(a) *odd*

cursar *to study*

el **curso** *course*

cuyo(a) *whose*

dalle fin *to end it* (archaic)

la **dama** *lady*

danzar *to dance*

el **daño** *damage*

dar *to give;* **dar fin** *to end;* **dan con** *they find;* **hubiera dado** *I would have given;* **me dio por** *I felt like;* **que se han dado** *that they have given themselves;* **se da** *is given, is produced, is shown;* **se ha dado la vuelta** *he/she has turned over;* **viene a dar** *ends up;* **vino a dar** *he was struck by*

dar pelos y señales *to give a detailed description*

dar pistas *to give hints*

dar una mano de coces *to give a few blows with the foot*

darse cuenta *to notice, to be aware, to realize*

de modo que *such that*

de nuevo *again*

de pronto *suddenly*

deber *to owe*

debido a *due to*

débil *weak*

decidir *to decide;* **estaba decidido** *it had been decided*

decir *to say, to tell;* **el qué dirán social** *societal opinion;* **es decir** *that is to say;* **hubiérase dicho** *it could have been said;* **no te lo había dicho** *I hadn't told you;* **¿qué quieren decir?** *what do they mean?*

la **declaración** *statement*

deducir *to deduce;* **deduje** *I deduced*

defender *to defend*

la **definición** *definition*

definir *to define*

definitivo(a) *final;* **en definitiva** *really*

dejar *to allow, to let;* **no me dejaron** *I wasn't allowed to;* **que me dejara caer** *that he would let me fall*

dél *of his, about him* (archaic)

el **delantal** *apron*

delatar *to tell on, to betray, to display*

el **delirio** *delirium, delusions*

della *of it* (archaic)

dellos *of them* (archaic)

los **demás** *others*

la **demora** *delay*

demostrar *to show*

dentro: por dentro *on the inside*

deparar *to provide*

el **Departamento del Distrito Federal** *Mexico City*

depender de *to depend on*

depositar *to put, to place*

el **derecho** *law*

los **derechos** *rights*

derrumbar *to topple*

desafiar *to challenge, to defy*

el **desafío** *challenge*

desangelado(a) *soulless*

desaparecer *to disappear*

desarrollar *to develop*

el **desarrollo** *development*

el **desatino** *nonsense, foolishness*

desbocado *loose, bolting*

desbordar *to overflow*

descabellado(a) *ridiculous, crazy*

descansar *to rest*

descarriado(a) *gone astray*

descifrar *to decipher, to figure out*

descomedido(a) *rude, arrogant, haughty*

descompuesto(a) *broken*

descomunal *enormous*

el **desconcierto** *confusion, bewilderment*

el **desconocido, la desconocida** *unknown person, stranger*

desconocido(a) *unknown*

descortés *rude*

la **descubierta** *in the open*

descubrir *to discover;* **no se hubieran descubierto** *would not have been discovered*

desde *since;* **desde joven** *since childhood;* **desde que** *since;* **desde siempre** *always*

desdeñar *to scorn, to disdain*

desembocar *to come out of*

desempeñar *to play (a role), to carry out*

el **desenlace** *dénouement, resolution, conclusion*

desentrañar *to unravel*

el **deseo** *desire, wish*

desesperado(a) *desperate, exasperated*

desgajar *to separate, to tear away;* **irse desgajando** *to be tearing oneself away*

la **desgracia** *misfortune*

deshacer *to destroy;* **deshaciendo todo género de agravio** *righting every manner of wrongs*

deshacerse de *to get rid of*

el **desierto** *desert*

desierto(a) *deserted*

desistir *to give up;* **que desistiera** *that he/she give up*

desleal *disloyal, unscrupulous*

desnudar *to bare, to strip naked*

desnudo(a) *laid bare, naked*

desobedecer *to disobey*

despacio *slowly*

despedir *to say goodbye, to fire, to give off;* **fue despedido** *was fired*

desperdiciar *to waste*

el **despertar** *awakening*

despiadado(a) *remorseless, ruthless*

despierto *awake*

desplomarse *to crash;* **se había desplomado** *had plummeted, had crashed*

desprendido(a) *broken off*

despreocupadamente *unconcerned, indifferent*

desprestigiado(a) *discredited, disparaged*

desquiciar *to disturb, to drive (someone) mad*

destacar *to stand out*

deste *of this* (archaic)

el **destello** *twinkle, sparkle*

el **desterrado, la desterrada** *exile*

el **destino** *destiny, fate, destination*

el **destornillador** *screwdriver*

destrozado(a) *destroyed, shattered*

destruir *to destroy*

desvelarse *to be unable to sleep, to stay awake*

detallado(a) *detailed*

el **detalle** *detail*

detener *to stop*

detenido *motionless, still*

el **deterioro** *deterioration*

la **determinación** *decision*

detestar *to hate, to loathe*

la **detonación** *explosion*

devolver *to return*

el **día** *day;* **los días anteriores** *previous days;* **los días de entresemana** *weekdays;* **nuestros días** *present day*

el **diablo** *devil*

el **diario** *newspaper, diary*

el **dibujo de los personajes** *character sketch*

la **dicha** *happiness*

el **dictador** *dictator*

diera (inf. **dar**) *would give*

el **difunto** *dead person*

digno(a) *dignified*

diluirse *to dissolve*

el **diminutivo** *diminutive*

el **dinosaurio** *dinosaur*

el **dios** *god*

el **diplomático, la diplomática** *diplomat*

dirigir *to direct, to steer;* **dirigirle la palabra a alguien** *to speak to someone;* **dirigirse a alguien** *to address someone*

la **discusión** *argument, discussion*

discutir *to argue*

disolver *dissolve*

el **disparate** *blunder; nonsense*

disperso(a) *scattered*

disponer *to put forth, to prepare;* **dispusieron** *they set forth, prepared*

disponible *available*

dispuesto(a) *willing*

la **distancia** *distance*

distinguir *to distinguish, to make out*

distinto(a) *different*

distraer *to become distracted*

disuadir *to discourage,* *to dissuade*

la **disyuntiva** *dilemma*

el **dividendo** *dividend;* **clavada al estático dividendo ancestral** *bound to the unchanging denominator of tradition*

la **divinidad** *divinity*

el **divisor** *divisor*

doblar *to bend*

el **doble** *double*

doblegarse *to yield*

docto(a) *who has greater skills and knowledge than the average person*

el **dolor** *pain*

dolorísimo(a) *very painful*

doloroso(a) *painful, sorrowful*

dominar *to dominate*

el **dominio** *mastery, knowledge*

dondequiera *everywhere*

dorado(a) *golden*

dormir *to sleep;* **que durmiera** *that I/he/she sleep*

dramatizar *to dramatize*

el **dromedario** *dromedary, camel*

el **duelo** *duel*

los **duelos y quebrantos** *eggs with bacon*

duradero(a) *lasting, enduring*

durar *to last;* **duré llorando dos horas** *I spent two hours crying*

duro(a) *hard, unfeeling*

echar *to throw;* **le hubiera echado los brazos al cuello** *I would have thrown my arms around*

her neck; **se me echaron encima** *they jumped all over me, they descended upon me*

echar a perder *to ruin;* **ha echado a perder** *has ruined*

echar una ojeada *to glance*

edificar *to build*

educar *to educate, to raise*

eficaz *effective*

el **egoísmo** *conceit*

el **ejemplo** *example*

ejercer *to exert*

ejercitarse *to practice*

la **elaboración** *working*

elaborar *to create, to make, to prepare*

la **elección** *choice*

electivo(a) *selective*

elevado(a) *elevated*

elevar *to raise, to elevate*

la **elocuencia** *eloquence*

emanar *to emanate*

embarrar *to smear, to spread*

embelesado(a) *enchanted*

emerger *to emerge*

la **emoción** *feeling;* **la fuerte emoción** *strong feeling*

empapado(a) *soaked*

el **empeño** *effort*

empezar *to start;* **antes de que empieces** *before you start*

emplear *to use, to employ*

el **empleo** *use, usage*

empolvado(a) *powdered, dusty*

emprender *to begin, to start out*

en blanco *blank*

en cuanto *as soon as*

en efecto *as a matter of fact, sure enough* (archaic)

en limpio *clear;* **copiar en limpio** *to make a clean copy*

en medio de *in the midst of, in the middle of*

en seguida *right away*

en sí *in and of itself*

en tanto que *insofar as*

en torno a *about*

encaminarse a *to head (somewhere)*

el **encantado, la encantada** *enchanted one*

el **encantamento** *enchantment, spell* (archaic)

encargar *to order*

encargarse *to take charge of*

encarnado(a) *red, flesh colored*

encender *to light, to turn on*

encerrar *to shut in, to contain*

el **enchufe** *plug*

encoger *to shrink;* **le encogió el alma** *put fear in her heart*

encogerse de hombros *to shrug*

encomendarse *to entrust;* **sin encomendarse a Dios ni al diablo** *with no further ado* (stock phrase)

el **encuentro** *encounter*

endurecer *to harden*

la **enfermera** *nurse*

el **enfermo** *sick person, patient*

enflaquecer *to weaken*

enfocar *to focus*

enfrascarse *to immerse oneself*

enfrentar *to confront*

engañar *to deceive*

engarrotar *to stiffen up*

el **enigma** *enigma, mystery*

enjuto(a) *gaunt, skinny*

el **enojo** *anger*

enorme *enormous*

enrarecido(a) *rarified, thinned*

enredado(a) *tangled*

enredar *to entangle*

el **ensayo** *essay*

enseñar *to teach, to show*

ensillar *to saddle*

ensuciar *to get (something, someone) dirty;* **para que no se ensucie la ropa** *so that he doesn't get his clothes dirty*

el **entendedor** *expert;* **al buen entendedor pocas palabras** *a word to the wise is enough*

entender *to understand;* **entiende el significado** *understands the meaning*

enterarse *to discover, to find out*

entero(a) *whole*

enterrar *to bury*

entibiar *to warm up*

la **entidad** *entity*

el **entierro** *burial, funeral*

entonces *then;* **desde entonces** *since then;* **para entonces** *at that time*

la **entrada** *entry*

las **entrañas** *guts, innards;* **del fondo de sus entrañas** *from the depths of his soul*

entrar *to enter, to come in;* **le hubiera entrado** *had entered him/her*

entre *between, among*

entreabierto(a) *half-opened, parted*

entregar *to deliver, to hand;* **entregarse** *to give oneself over to*

entretenerse *to entertain oneself*

la **entrevista** *interview*
el **entrevistador, la entrevistadora** *interviewer*
entrevistar *to interview*
entricado(a) *intricate, convoluted* (archaic)
envejecido(a) *aged*
envolver *to wrap up*
envuelto(a) *wrapped, covered*
enyesar *to put in a plaster cast*
el **epitafio** *epitaph, memorial*
la **época** *time, period, era*
equilibrar *to balance*
el **equipo** *equipment*
erguido(a) *upright*
la **erisipela** *skin inflammation*
errar *to wander*
esbozar *to sketch;* **esbozar una sonrisa** *to give a hint of a smile*
la **escala** *scale*
la **escalera** *stairs, stairway*
el **escalón** *(stair) step*
escapar *to escape*
el **escarabajo** *beetle*
la **escasez** *scarcity, lack, limitation*
la **escena** *scene*
el **escenario** *stage, scene setting*
la **escenografía** *stage design*
escéptico(a) *skeptical*
escoger *to choose*
el **escondite** *hiding place*
la **escopeta** *shotgun;* **la escopeta Saint-Etienne** *gun from a French manufacturer*
escribir *to write;* **si hubiera escrito** *if he/she had written*
escrito(a) *written*
los **escritos** *writings, works*
la **escritura** *writing*

la **escuela secundaria** *junior high/high school*
escultórico(a) *sculptural*
la **esencia** *essence*
esencial *essential*
la **esfera** *sphere, globe*
esforzarse *to force oneself, to make an effort*
el **esfuerzo** *effort*
el **espacio** *space*
espacioso(a) *spacious*
la **espalda** *back;* **de espaldas a** *with one's back to (something or someone)*
espantoso(a) *dreadful, frightening*
la **espátula** *palette knife*
las **especias** *spices*
la **especie** *type*
el **espectáculo** *spectacle*
el **espectro** *specter, ghost*
la **esperanza** *hope*
esperar *to wait, to expect;* **lo que se espera** *what is expected*
espeso(a) *thick*
la **espina** *thorn*
el **espíritu** *spirit*
establecido(a) *established*
estacionado(a) *parked*
el **estado** *state;* **el estado de gracia** *state of grace;* **estado libre asociado** *commonwealth*
estallar *to burst, to explode*
el **estallido** *explosion, crack*
el **estambre** *yarn*
el **estampido** *explosion, bang*
la **estancia** *stay*
estar a cargo de *to be in charge of*
estar al día *to be up to date*
estar al tanto *to be up to date*
estar conforme *to be in agreement with*
estar de vuelta *to be back, to have returned*

estático(a) *static*
la **estatuilla** *statuette*
el **estilo** *style*
estorbar *to get in the way of, to impede, to hinder*
estraño *strange* (archaic)
estrechar *to hold close, to hug*
estrenar *to wear for the first time*
estrepitosamente *loudly*
la **estrofa** *verse, stanza*
la **estructura** *structure*
el **estudio** *study*
estúpido(a) *stupid*
la **etapa** *stage*
eterno(a) *eternal*
evaluar *to evaluate;* **que evalúe** *that (someone) evaluate;* **volver a evaluar** *to re-evaluate*
la **evidencia** *evidence*
evocar *to evoke*
exactamente *exactly*
exagerado(a) *exaggerated*
exasperado(a) *exasperated*
exclusivamente *exclusively*
exhibir *to show*
experimentar *to experience*
explicar *to explain*
el **explorador, la exploradora** *explorer*
extrahumano *beyond human*
el **extranjero** *foreign countries;* **al extranjero** *abroad*
extrañado(a) *surprised*
extrañar *to miss*
extraño(a) *strange*

la **falla** *fault, flaw*
el **fallecimiento** *death*
la **fama** *fame*

la **fantasía** *fantasy, imagination*
fantástico *fantastic*
la **fascinación** *fascination*
fastidiar *to annoy*
la **fatalidad** *misfortune, fate*
la **fe** *faith*
Feliciano de Silva *author of "La segunda Celestina"*
la **felicidad** *happiness;* **la alucinada felicidad** *deluded happiness*
el **fenómeno** *phenomenon*
el **féretro** *coffin*
la **fermosura** *beauty* (archaic)
feroz *fierce*
festejar *to celebrate*
ficticio(a) *fictional*
fiel *faithful*
fiero(a) *fierce*
la **figura** *shape*
fijamente *fixedly*
fijarse en *to notice*
el **filtro** *filter*
el **fin** *end;* **a fin de** *in order to;* **a fines de** *at the end of*
la **finca** *farm, country house*
fingir *to pretend*
firme *firm, steadfast*
la **física** *physics*
el **físico** *physique*
flaco(a) *skinny, thin*
flamante *flaming*
la **flámula** *flame*
flaquear *to weaken*
flotar *to float;* **habían flotado** *had floated*
el **foco** *light bulb*
fogoso(a) *fiery hot*
el **fondo** *depth, down deep*
los **fondos** *funds*
la **forma** *form*
fortificar *to strengthen*
fortuita *ocurring unexpectedly, by chance*
fracturado(a) *fractured, broken*
la **fragancia** *fragrance*

la **frase** *phrase, sentence*
frecuentar *to visit frequently, to frequent*
frente *in front*
la **frente** *forehead*
fresco(a) *fresh*
frisar *to be getting close to (a certain age)*
la **frontera** *boundary, border*
fue a dar allá *ended up over there*
el **fuego** *fire*
la **fuente** *source*
fuera de *outside of, beyond;* **por fuera** *on the outside*
fuera (inf. ser) *I/he/she were*
fueras (inf. ser) *you were*
la **fuerza** *strength, power, force;* **a fuerza de** *by means of*
fuese (inf. ser) *were* (archaic)
fugaz *fleeting*
funcionar *to function, to manage*
fundar *to found*
furtivo *stealthy*
el **fusil** *rifle*
la **fusión** *fusing, fusion*

galardonar *to award*
la **galería** *gallery*
el **galgo** *greyhound*
la **galleta** *slap, swat*
la **gallina** *hen*
galopando *galloping;* **la sangre galopando** *blood pounding*
la **gama** *range*
la **gana** *desire, wish;* **írsele las ganas** *no longer feel like;* **lo que le dé la gana** *whatever he/she/one wants*

la **ganancia** *income*
ganar *to win;* **ganarse la vida** *to earn a living;* **lo ganó** *overcame him*
el **garrafón** *large pitcher*
la **garza** *heron*
el **gasto** *expense*
el **género** *sort, type*
las **gentes** *peoples*
el **gigante** *giant*
gigantea *gigantic*
gigantesco(a) *gigantic*
girar *to draft (financial transaction)*
el **giro** *check*
el **glu-glu** *gurgle*
el **golpe** *blow, whack;* **de golpe** *all of a sudden;* **el golpe de estado** *coup d'état, takeover*
la **goma** *rubber*
la **gorra** *cap*
la **gota** *gout*
gozar *to enjoy*
grabar *to record;* **quedó grabado** *was left imprinted*
el **gracioso** *comic character;* **hacerse el gracioso** *to be funny*
gracioso(a) *amusing*
el **grado** *degree, stage*
la **grandeza** *status of grandee (highest status of the Spanish/ Portuguese nobility); greatness;* **que merece vuestra grandeza** *that your greatness deserves*
el **granero** *granary*
grave *serious*
el **grito** *yell, cry, scream*
grotesco(a) *grotesque, hideous*
grueso(a) *thick*
la **guagua** *bus* (Puerto Rican/Cuban term); *baby, small child*

guardar *to keep, to save, to put away*

el **guasón** *joker, prankster*

la **guayaba** *guava*

el **güero, la güera** *fair-skinned and/or fair-haired person;* **la güerita** *little blonde one*

la **guerra civil** *civil war*

el **guión** *script*

el **guionista, la guionista** *scriptwriter*

gustar *to like;* **gustar a** *to win someone over;* **me hubiera gustado** *I would have liked;* **que más les guste** *that you (pl.) like the most*

el **gusto** *enjoyment, liking;* **a gusto** *comfortably, to one's liking*

haber: habrá experimentado *might have experienced*

hábil *skillful, proficient*

la **habitación** *room*

hablar *to talk;* **que hablen** *that they talk*

hacer *to do;* **han hecho** *have done;* **lo que harán** *what they will do;* **se hacía** *this was done*

hacer el papel *to play the role*

hacer falta *to need;* **quizá te haga falta** *maybe you will need*

hacer fila *to line up*

hacer sarcasmos *to make sarcastic comments*

hacerle caso *to pay attention to, to heed*

hacerle gracia *to amuse, to*

strike as funny; **que le haga gracia** *that he/she finds funny*

hacerse *to become*

hacerse cargo: que se hiciera cargo de *that he/she would take stock of, reconsider, take charge of*

hacerse ilusiones *to build up one's hopes;* **no te hagas ilusiones** *don't get your hopes up*

el **hacha** *ax, hatchet*

hacia *towards*

la **hacienda** *country estate, wealth, possessions*

hago (inf. **hacer**) **que** *I pretend*

hallar *to find;* **hallar cabida** *to find room*

el **hambre** *hunger*

hambriento(a) *hungry*

la **hanega** *about ½ hectare of land*

haría (inf. **hacer**) *would make*

harto *enough, greatly*

hasta *even, until;* **hasta entonces** *until then*

haz (inf. **hacer**) **de cuenta** *pretend*

la **hebilla** *belt buckle*

el **hecho** *fact, action, event*

hecho(a) *made*

heredar *to inherit*

la **herencia** *heritage*

la **herida** *wound*

hermoso(a) *lovely, beautiful*

la **hermosura** *beauty*

heroico *heroic*

la **herramienta** *tool*

el **hidalgo** *nobleman of the lower ranks of nobility*

el **hielo** *ice*

la **hierba** *herb*

hilar *to string together*

los **hilos** *strands of wire*

la **hipocresía** *hypocrisy*

hirviendo *boiling*

la **historia** *story*

el **hogar** *home*

la **hoja** *sheet of paper, leaf;* **la hoja aparte** *separate sheet of paper;* **la hoja de parra** *fig leaf;* **la hoja seca** *dry leaf*

hojear *to turn the pages of, to leaf through*

el **hombro** *shoulder*

el **homenaje** *homage, in honor*

la **honra** *honor*

honrar *to do credit*

el **horizonte** *horizon*

la **hormiga** *ant*

horneado(a) *baked*

el **hoyo** *hole;* **el hoyo negro** *black hole*

hubiesen (inf. **haber**) *would have*

el **hueco** *hole*

huir *to flee, to escape*

la **humanidad** *humanity*

la **humedad** *humidity*

húmedo(a) *humid*

la **humildad** *humbleness*

la **identidad** *identity*

identificarse *to identify oneself*

el **ídolo** *idol*

la **ilusión novelesca** *novel's fictional illusion*

la **ilustración** *illustration, drawing*

ilustrado(a) *illustrated*

ilustrar *to illustrate*

la **imagen** *image*

imaginario(a) *imaginary*

el **imbécil** *imbecile, dummy*

impecable *perfect, impeccable*
impedir *to prevent, to stop*
imperecedero(a) *everlasting*
imperturbable *impassive*
implacablemente *relentlessly*
el **importe** *cost, price*
impregnar *to fill*
impresionar *to impress*
imprevisible *unforeseen*
inacabable *endless, interminable*
inamovible *fixed, immovable*
incauto *careless*
la **incertidumbre** *uncertainty, doubt*
el **incienso** *incense*
incluso *included;* **incluso me limpió** *she even cleaned me*
incomodar *to bother, to trouble*
incorporar *to include*
indefenso(a) *defenseless*
indescriptible *indescribable*
indicado(a) *suitable*
indígena *indigenous*
la **industria** *cleverness, artifice*
inesperado(a) *unexpected*
inferior *lower*
el **infierno** *hell*
la **infinidad** *infinity*
infinito(a) *infinite*
influir *to influence*
la **informática** *computer science*
el **informe** *report*
ingenioso(a) *ingenious, resourceful*
ingresarse *to enroll*
inhumano(a) *inhuman*
iniciar *to start*

ininteligible *unintelligible*
la **injusticia** *injustice*
injusto *unfair*
la **inmensidad** *enormity*
el **inmigrante, la inmigrante** *immigrant*
inmóvil *unmoving*
inocente *innocent*
inquieto(a) *restless*
la **inquietud** *anxiety, worry*
insinuar *to hint*
insonoro(a) *soundproof*
inspirar *to inspire*
instantáneamente *instantly*
insultar *to insult*
íntegro(a) *whole, complete*
la **intemperie** *elements, weather*
la **intensidad** *intensity*
el **intento** *attempt*
el **interés** *interest*
interminable *unending*
interpretar *to interpret*
la **interrogante** *question*
interrumpir *to interrupt*
intrínsecamente *intrinsically*
la **introspección** *introspection, self-examination*
intruso(a) *intruding*
inundar *to flood*
inútil *useless*
invadir *to invade*
inventar *to invent*
la **investigación** *research*
el **investigador, la investigadora** *researcher*
investigar *to investigate*
la **inyección** *injection*
ir *to go;* **se irá** *will go*
irónico(a) *ironic*
el **irracionalismo** *irrationality*
irreal *unreal*

irremediablemente *without remedy*
irritante *irritating*

jamás *never, ever*
el **jarabe para la tos** *cough syrup*
la **jeringa** *syringe*
el **jeroglífico** *hieroglyphic*
la **jirafa** *giraffe*
la **jornada** *a working day*
el **joven, la joven** *youth, teenager;* **la jovencita** *young girl*
juera *were (dialectal variation for* **fuera***)*
jugar *to play;* **todo me lo juego** *I risk it all*
el **juicio** *judgment;* **perder el juicio** *to lose one's sanity*
juntarse *to get together*
jurar *to swear, to promise*
la **justicia** *justice*
justificar *to justify*
justo *exactly*
justo(a) *fair*
la **juventud** *youth*
juzgar *to judge*

el **labio** *lip*
el **laboratorio** *laboratory*
las **labores** *work, chores;* **el día de labores** *work day*
ladrar *to bark*
el **ladrón** *thief*
la **lágrima** *tear;* **se le saltan las lágrimas** *his/her tears spring forth*
la **lama** *mold, moss*

la **lancha** *motorboat*
las **lantejas** *lentils* (archaic)
la **lanza** *lance*
lanzar *to throw;* **lanzar una mirada** *to give (someone) a look*
el **lápiz labial** *lipstick*
lastimado(a) *hurt*
lateral a *to the side of*
el **latido** *beating (of a heart)*
latir *to beat*
las **latitudes** *latitude;* **las cenicientas latitudes** *ashen zones*
laxo(a) *lax, loose*
la **lealtad** *loyalty*
el **lector, la lectora** *reader*
la **lectura** *reading*
leer *to read;* **cuando los leas** *when you read them;* **leer entre líneas** *read between the lines;* **ponerse a leer** *to begin to read*
lejano(a) *distant;* **el lejano oriente** *Far East*
la **lengua** *language, tongue;* **la lengua castellana** *Spanish*
el **lenguaje** *language*
lentamente *slowly*
lento(a) *slow*
el **león** *lion*
la **letra** *letter*
las **letras** *literature*
la **letura** *reading* (archaic)
la **ley** *law*
las **leyes** *law (field)*
liberado(a) *freed*
liberar *to free*
la **libertad** *freedom*
librar *to free*
libre *free*
el **libro de caballería(s)** *novel of chivalry*
el **libro de consulta** *reference book*
ligero(a) *slight*

limar *to file*
limitarse *to limit oneself*
el **límite** *limit*
la **linde** *edge*
lindo(a) *beautiful, cute*
la **línea** *line*
líquido(a) *liquid*
liso(a) *smooth*
literalmente *literally*
literario(a) *literary*
llamado(a) *named;* **mal llamado** *poorly named*
llamar *to call;* **llamar la atención** *to attract attention*
el **llanto** *crying*
la **llegada** *arrival*
llegar *to arrive;* **había llegado** *had arrived;* **le llegaban** *reached him/her;* **ninguno llegaba a** *none measured up to;* **no llegaba a los veinte** *was younger than 20*
llegar a ser *to become*
lleno(a) *full*
llevar *to take;* **se lleva** *takes with him/her;* **se me llevaron** *I was taken;* **te llevabas más tiempo** *you took longer*
llevar a cabo *to take place, to carry out*
llorar *to cry;* **¿lloré?** *did I cry?;* **ponerse a llorar** *to start to cry;* **que lloren** *that they cry*
llorón *person who cries often and easily*
llover a cántaros *to pour down rain*
la **lluvia** *rain*
lo que *what, that which*
el **loco** *madman, crazy person*
la **locura** *madness*
lograr *to achieve, to manage to;* **¿lo logró?** *did he/she accomplish it?;* **que no lograra desaparecer** *that I/he/she could not make disappear*
la **longitud** *length*
el **loto** *lotus flower*
la **lucha** *struggle;* **la lucha centenaria** *century-long struggle*
el **lugar** *place*
la **luna** *moon*

macizo(a) *solidity*
la **madera** *wood*
la **maderería** *wood work*
el **madero** *piece of wood*
la **madrugada** *dawn, daybreak, early hours*
el **madrugador, la madrugadora** *person who stays up until early hours or is an early riser*
el **maese** *maestro, teacher* (archaic)
el **maestro, la maestra** *master, teacher, doctor* (archaic)
la **magia** *magic*
Mahoma *Mohammed*
maldito(a) *cursed*
el **malestar** *discomfort, unease*
malvo(a) *purplish, mauve*
la **mancha** *spot, stain, smudge*
manchar *to stain*
mandar *to be in command, to be in control, to boss around*
el **mandato** *command*
la **mandona** *bossy person* (f.)
manejar *to handle, to manage, to use*

la **manera** *way;* **a su manera** *in his/her way;* **la manera rotunda** *categorical way*

el **manual** *manual;* **el manual del liceo** *high school textbook*

la **máquina** *typewriter, machine*

marcar *to mark*

la **marcha** *departure*

el **marchante** *art dealer, merchant*

el **mareo** *dizzy spell*

el **marido** *husband*

la **mariposa** *butterfly*

mas *however*

más allá de *beyond*

más bien *moreover, rather*

más vale *it's best*

el **mascota** *pet*

matar *to kill*

los **materiales** *materials, elements, components*

el **matrimonio** *marriage*

mayor *greater, older*

el **mayordomo** *foreman, butler*

los **mayores** *grown-ups*

la **mayoría** *majority*

el **médico, la médica** *doctor*

la **medida** *measure*

la **mejilla** *cheek*

la **melancolía** *melancholy, sadness*

melindroso(a) *finicky, picky*

la **memoranda** *memo*

la **memoria** *memory*

menos *except;* **cada vez menos** *less and less*

el **mensaje** *message*

el **mensajero, la mensajera** *messenger*

la **mente** *mind*

la **mentira** *lie*

mentiroso(a) *prone to lying*

el **mercader, la mercader** *merchant*

la **mercancía** *goods*

merecedor, (-ora) *deserving*

merecer *to deserve*

el **merecimiento** *deservedness*

meridiano(a) *midday, noon*

la **mesa redonda** *round table discussion*

la **meseta** *plateau*

mesmo *same* (archaic); **el mesmo Artistóteles** *Aristotle himself*

metafísico(a) *metaphysical, intangible*

la **metáfora** *metaphor*

meter *to put, to put in;* **meterle las ansias** *to get anxious*

meterse *to get involved in;* **meterse conmigo** *to tease me, to pick a quarrel with me;* **se mete con** *teases (him/her) about*

meticuloso *careful*

el **método** *method*

la **mezcla** *mix*

mezclar *to mix*

el **miedo** *fear;* **me daban un poco de miedo** *made me a little afraid*

la **miel** *honey, sap*

los **mimados** *spoiled ones*

minuciosamente *carefully, meticulously*

la **mirada** *look, gaze;* **con la mirada negra** *blindly, seeing darkness*

mirar *to look;* **que miraba hacia** *that faced*

la **misericordia** *mercy, compassion*

Misiones *region in northern Argentina, on the border with Brazil and Paraguay*

mismo *same;* **él mismo** *he himself*

misterioso(a) *mysterious*

mítico(a) *mythic*

modificar *to change*

la **modista** *dressmaker*

el **modo** *way*

mola un pegote *he/she is a great guy/girl*

moler *to grind*

molestar *to bother;* **lo hubiera molestado** *it would have bothered him/her;* **para molestar** *to be a pain*

molesto(a) *annoyed, irritated*

el **momento** *moment;* **en un momento dado** *at some point in time*

el **monstruo** *monster*

el **monte** *country, woods, jungle*

el **monzón** *monsoon*

morder *to bite*

morir *to die;* **como si hubieras muerto** *as if you had died;* **hasta que muera** *until he/she dies;* **murió** *he/she died*

la **morsa** *anvil*

la **mosca** *fly*

mostrar *to show*

mostrenco(a) *wild, ownerless*

el **mote** *nickname*

el **motivo** *reason*

el **movimiento** *movement*

el **mozo** *groom, stable boy*

la **muchacha** *girl*

el **muchacho** *boy*

mudarse *to move*

mudo(a) *silent, mute*

la **mueca** *facial expression, grimace*

la **muerte** *death*

el **muerto, la muerta** *dead person*

mundial *world-wide*

el **mundo** *world;* **todo el mundo** *everyone*

murmurar *to murmur, to mutter*

el **musgo** *moss*

nacer *to be born, to be conceived;* **ha nacido** *has been born;* **haber nacido** *having been born;* **nacen de** *they come from*

el **nacimiento** *birth*

la **nada** *nothingness*

la **nana** *nursemaid*

el **narrador** *narrator* **narrar** *to tell*

la **narrativa** *narrative, account;* **la narrativa breve** *short story*

los **negocios** *business*

la **negrilla** *bold-face type* **nervioso(a)** *nervous* **ni siquiera** *not even*

el **nido** *nest* **niegue** *(inf.* **negar)** *deny*

la **nieta** *granddaughter*

el **nieto** *grandson* **nimio(a)** *trivial*

la **niñez** *childhood*

el **niño, la niña** *child;* **siendo muy niño** *as a very young child* **no cabe duda** *there is no doubt*

la **noción** *idea;* **perder la noción de la hora** *to lose track of time* **nocturno** *nocturnal, at night*

el **nombre** *name;* **cobrase eterno nombre** *becoming renown*

el **noreste** *northeast*

la **norma** *rule, standard*

la **nube** *cloud* **nuevo** *new;* **de nuevo** *again* **nutrir** *to nourish*

o sea *or rather* **obedecer** *to obey, to follow;* **está acostumbrado a que se le obedezca** *is used to being obeyed* **obediente** *obedient*

la **obligación** *responsibility* **obligar** *to force, to compel*

la **obra** *works, piece of work* **obsesionar** *to obsess;* **alguien que se obsesione** *someone who obsesses* **obstante: no obstante** *however, nevertheless* **obvio** *obvious* **ocioso** *idle* **ocre** *ochre*

la **ocupación** *occupation, activity* **ocupar** *to occupy* **ocurrir** *to happen, to occur*

el **oficio** *business letter, trade, profession* **ofrecer** *to offer*

la **ofrenda** *offering*

el **ojillo** *small eye*

la **ola** *wave* **oler** *to smell* **olfatear** *to sniff, to smell*

la **olla** *pot*

el **olor** *smell, scent* **olvidar** *to forget;* **había sido olvidado** *had been forgotten*

el **olvido** *forgetfulness, oversight, oblivion*

el **ombligo** *belly button* **opaco(a)** *opaque* **operar a** *to operate on* **opinar** *to think, to believe (expressing an opinion)* **opuesto(a)** *opposite*

la **oración** *sentence*

el **orden** *order* **ordenar** *to organize, to arrange* **ordinario** *ordinary, commonplace* **orejones** *big ears*

el **orificio** *opening*

la **originalidad** *originality*

la **orilla** *edge* **orinar** *to urinate*

el **oro** *gold* **os** *you (pl.) (archaic)* **oscurecer** *to darken*

la **oscuridad** *darkness* **oscuro(a)** *dark* **ovalado(a)** *oval-shaped*

la **paciencia** *patience*

el **paciente, la paciente** *patient* **padecer** *to suffer*

el **padecimiento** *suffering*

el **pago** *payment*

el **país** *country;* **el país natal** *country of birth*

el **pájaro** *bird;* **pajarito** *little bird*

la **palabra** *word* **pálido(a)** *pale*

el **palo** *stick, wood*

la **paloma** *pigeon, dove*

el **palomino** *young pigeon, dove* **palpable** *tangible*

palpar *to touch, to feel, to pat*

la **pantalla** *(movie) screen*

los **pantuflos** *overshoes used for warmth, slippers*

el **pañuelo** *handkerchief*

el **papel** *role*

para con *with*

para que *so that*

el **paraguas** *umbrella*

el **parámetro** *guideline, standard*

parapetarse *to take cover*

parar *to stop*

el **parecer** *opinion*

parecer *to seem, to think, to appear;* **parecería** *he would appear, it would seem;* **qué te parece** *what you think*

parecerse *to be similar*

parecido(a) *similar;* **bien parecido(a)** *good looking*

la **pareja** *partner*

el **parentesco** *relationship*

el **pargo** *red snapper* (fish)

el **pariente, la parienta** *relative*

parpadeante *flickering*

partir *to leave, to cut (in half);* **partir de** *begin with, depart from*

el **pasaje** *passage*

pasar *to pass, to happen;* **lo que me has hecho pasar** *what you have put me through;* **pasarás** *you will pass;* **pasar de los cuarenta** *to be older than 40*

la **pasión cinegética** *passion for hunting*

el **paso** *step, footstep, pace;* **paso a paso** *step by step*

la **pasta** *paste*

los **pastitos** *little grasses, little herbs*

la **paternidad** *paternity*

el **patrocinador, la patrocinadora** *supporter, patron*

el **payaso** *clown*

la **paz** *peace*

el **pecado** *sin*

el **pecho** *chest*

la **pedagogía** *pedagogy, education*

el **pedazo** *piece;* **el pedacito** *little piece*

pedir *to ask;* **pedir la mano** *to ask for someone's hand (in marriage);* **pedir perdón** *to say you are sorry*

la **pedrea** *minor lottery prizes*

el **pedregullo** *gravel*

pegados a *close to, glued to*

pegar *to hit, to swat, to spank;* **le pegó** *hit her/him;* **que me había pegado** *who had hit me;* **pegar un grito** *to yell, to shout*

pelar *to peel*

el **peldaño** *(stair) step*

el **peligro** *danger*

el **pelotón de fusilamiento** *firing squad*

la **pena** *sorrow*

la **pendencia** *quarrel, foolish act*

pendiente *watchful*

el **pensamiento** *thought*

pensar *to think;* **pensando en voz alta** *thinking aloud*

la **pensión** *guest house, lodge*

la **penumbra** *half-light, shadows*

percatarse *to notice;* **sin que me percatara** *without my realizing it*

perceptible *perceptible, audible*

percutir *to strike, to hit*

perder *to miss, to lose;* **ellos se lo pierden** *it's their loss*

perder el tiempo *to waste one's time*

la **pérdida de tiempo** *waste of time*

perdido(a) *lost*

el **periodista, la periodista** *journalist*

la **perla** *pearl*

permanecer *to remain*

el **permiso** *permission*

permitido *allowed*

permitir *to allow*

la **persecución** *persecution, oppression*

perseguido(a) *persecuted*

el **personaje, la personaje** *character*

personificar *to personify*

pertenecer *to belong*

la **pertenencia** *belonging*

la **perturbación** *disturbance*

perverso(a) *perverse*

la **pesadilla** *nightmare*

pesado(a) *heavy*

el **pescador, la pescadora** *fisherman*

la **pestaña** *eyelash*

piapiá *dad* (affectionate term for **papá**)

la **picada** *dirt road, trail or path*

el **picado** *dive;* **en picado** *steeply*

la **piedra** *stone, rock;* **la piedra pómez** *pumice stone*

la **pierna fracturada** *broken leg*

la **pieza** *room; art piece*

pintarse *to put on makeup*

el **pique** *steep path*

la **pista** *trail, hint*

las **pistas del contexto** *context clues*

la **pistola** *gun, pistol*

el **placer** *pleasure*
el **plan** *layout*
plantar *to plant*
plateado(a) *silver*
la **platería** *silverware*
la **plática** *conversation, chatting*
el **platillo** *dish*
plenamente *fully, completely*
pleno(a) *full*
el **plomero** *plumber*
la **pluma** *pen, quill*
pobre *poor*
el **pobrecillo** *poor little guy*
la **podadera** *pruning shears*
poder *to be able to;* **pueda** *can;* **no podría** *I couldn't*
el **poder** *power*
poderoso(a) *powerful*
podrido(a) *rotten, overripe*
el **poeta** *poet*
la **poeta** *female poet*
la **poetisa** *female poet*
polaco(a) *Polish*
polveado(a) *powdered*
la **pólvora** *gunpowder*
poner *to put, to name;* **que le haya puesto el mote** *that I had given him his nickname;* **se las puso rojas** *it made them red*
ponerse *to place oneself, to get, to put on;* **me puse a leer** *I began to read*
ponerse de pie *to stand up;* **se puso de pie** *he/she stood up*
por casualidad *by chance, by coincidence*
por dentro *on the inside*
por el/la cual *because of which*
por lo pronto *anyway, for now*
por medio *in half;* **por medio de** *by means of, through*

por poco *almost, just about*
por si *in case*
el **porche** *porch*
el **porrazo** *blow, gust (of wind)*
la **portada** *(book) cover*
portarse *to behave*
poseer *to possess*
poseído(a) *possessed*
la **posibilidad** *possibility*
el **poste** *fence post*
la **postura** *pose, posture, position*
la **potencia** *power*
la **pradera** *prairie, meadow*
la **precaución** *warning*
precioso(a) *beautiful, lovely*
precipitado(a) *sudden*
la **precisión** *exactitude*
predecir *to predict*
la **preferencia** *preference;* **de preferencia** *it is preferable*
preferido(a) *preferred, favorite*
preferir *to prefer;* **(si) preferiría** *if I would prefer*
preguntar *to ask;* **se preguntarán** *will ask themselves*
el **premio** *prize;* **el premio gordo** *grand prize*
preocupar *to worry;* **¿te preocuparías?** *would you worry?*
presagiar *to forebode*
presenciar *to witness*
presentar *to present;* **presentarse** *to present oneself*
prestar atención *to pay attention*
pretender *to try*
la **priesa** *hurry* (archaic)*;* **se dio priesa a poner**

en efecto *he hurried to carry out*
principal *main, most important*
el **principio** *beginning*
el **prisionero** *prisoner*
el **problema amoroso** *relationship problem*
la **procura** *search*
profesar *to declare*
profundamente *profoundly*
la **profundidad** *depth*
profundo(a) *deep*
el **progenitor, la progenitora** *ancestor, parent*
prohibido *forbidden*
prolíficamente *abundantly*
prolífico(a) *prolific, productive*
la **promesa** *promise*
prometer *to promise*
promover *to promote*
la **propiedad** *property*
propio(a) *own*
proponer *to propose, to put forward;* **ha propuesto** *he/she has proposed*
proporcionar *to provide*
el **propósito** *intention, purpose*
propuse (inf. **proponer**) *I proposed*
proseguir *to continue*
el **protagonista, la protagonista** *main character*
proteger *to protect*
la **protesta** *protest, complaint*
protestar *to complain*
la **protuberancia** *bulge*
el **provecho** *profit, benefit*
provocar *to cause, to evoke*
la **psicología** *psychology*
publicar *to publish;* **ha publicado** *has published*

pudiera (inf. **poder**) *would be able to*

el **pueblo** *village, people;* **el pueblo raso** *people from the countryside*

el **puente** *bridge*

la **puerta de entrada** *front door*

el **pulso** *heartbeat*

el **puma** *mountain lion*

el **punto** *period, point;* **de todo punto** *completely, in all its facets;* **el punto de partida** *point of departure;* **el punto de vista** *point of view;* **no se salga un punto de la verdad** *one not stray in the slightest from the truth*

el **puñal** *dagger*

el **puño** *fist*

la **pureza** *purity*

pusieron (inf. **poner**) *they put;* **me pusieron** *they named me*

quebrantado(a) *broken*

quebrar *to break*

quedar *to remain, to be left;* **¿Dónde quedó...?** *What happened with . . .?;* **¿en qué quedamos?** *what is it to be?;* **se quedaron** *remained*

quedar en ridículo *to look like a fool*

quedo(a) *gentle, calm*

el **quejido** *moan, groan*

quemado(a) *burnt*

querer *to want, to love;* **hubiera querido** *I*

would have liked; **que quieras** *that you want*

el **querido, la querida** *loved one*

quieto(a) *still, quiet*

quise (inf. **querer**) *I loved, I wanted*

quitar *to remove;* **no se te quitan de la cabeza** *don't leave your thoughts*

Quitratúe *city in Chile*

quizá, quizás *maybe*

rabiosamente *angrily*

racionalista *rationalistic*

el **radio** *radius;* **el corto radio de acción** *immediate surroundings*

el **radioyente** *(radio) listener*

la **raíz** *root*

la **rama** *branch*

el **ramito** *small bunch*

la **rapidez** *speed*

rápido(a) *fast*

la **rareza** *oddity*

raro(a) *strange, unusual, odd*

el **rasgo** *trait*

raspar *to scrape*

el **rastro** *trace;* **sin hallar el menor rastro** *without finding the faintest trace*

el **rayo** *ray*

la **razón** *reason*

razonable *affordable*

razonar *to reason*

la **reacción** *reaction, response*

reaccionar *to respond, to react*

la **realidad** *reality;* **mi realidad lo era al grado de haberse borrado hoy** *my reality*

was only real to the extent that it hadn't been erased by today

el **realismo mágico** *magical realism*

realista *realistic*

reblandecerse *to soften*

la **recámara** *bedroom*

receloso(a) *distrustful, fearful*

la **receta** *recipe*

rechazar *to reject, to refuse*

recibir *to receive;* **se recibió de maestra** *got her teaching degree*

el **recién nacido** *newborn*

recio(a) *robust*

el **recipiente** *container*

recíproco(a) *reciprocal*

recluirse *to shut oneself away*

la **reconciliación** *reconciliation*

el **reconocimiento** *recognition*

reconsiderar *to reconsider*

recordar *to remember;* **recuerda** *remembers*

recorrer *to scan, to go through*

recortar *to cut out, to highlight*

recostado(a) *reclining*

el **recreo** *recess*

la **recriminación** *recrimination*

recriminar *to reproach*

rectamente *straight*

el **recuerdo** *memory*

recuperar *to recuperate*

el **recurso** *resource, device*

la **red** *net*

redondo(a) *round*

reducir *to reduce*

reevaluar *reevaluate*

la **referencia** *reference*

referir *to refer;* **¿a qué se**

refiere? *what does it refer to?*
reflejar *to reflect*
regañar *to scold*
la **regla** *rule*
el **regreso** *return*
la **reina** *queen*
la **relación** *relationship;*
    la relación amistosa *friendly relationship;*
    la relación amorosa *amorous relationship*
relacionado con *related to*
relacionar *to relate*
relatar *to tell;* **relatar lo vivido** *tell about what I've experienced*
el **relato** *story*
rellenar *to fill, to stuff*
relucir *to shine*
rematado(a) *complete, hopeless;* **rematado ya su juicio** *having completely lost his wits*
el **remedio** *recourse;* **no tener más remedio** *to have no choice*
remoto(a) *remote, distant*
rendir *to produce, to yield*
renombre *renown, distinction*
renunciar *to renounce, to give up*
repartir *to distribute*
repasar *to review, to go over*
el **repaso** *rehearsal, revision*
repetir *to repeat*
la **réplica** *replica, copy*
la **representación escultórica** *sculptural representation*
representar *to act out, to perform*
represivo(a) *repressive*
reprimido(a) *restrained*
reprochar *to reproach, to blame*

el **reproche** *criticism*
el **requiebro** *amorous compliment*
el **requisito** *requirement*
resbalada: la risa resbalada *trickling laughter*
la **reseña** *review*
residir *to live*
resignado(a) *resigned, complacent*
resistir *to resist*
resolver *to resolve, to solve*
la **resonancia** *importance, effect*
respaldar *to support;* **que respalden** *that support*
el **respaldo** *back of the chair*
respecto: a este respecto *about this matter*
el **respeto** *respect*
la **respiración** *breathing*
la **responsabilidad** *responsibility*
la **respuesta** *answer*
restañar *to stop the flow of*
resucitar *to come/bring back to life*
resultar *to result, to turn out*
resumir *to summarize*
retardar *to delay*
retener *to retain, to remember*
retirarse *to withdraw*
retornar *to return*
revelar *to reveal*
el **revés** *blow with the back of the hand*
revivir *to revive, to relive*
el **rey** *king*
rezar *to pray*
el **riesgo** *risk;* **correr el riesgo** *to run the risk*
rígidamente *rigidly*
la **rima** *rhyme*

la **riqueza** *wealth*
la **risa** *laughter;* **le dio mucha risa** *made him/her laugh a lot*
el **rito** *ritual*
rizar *to curl*
robar *to steal, to rob*
el **roble** *oak tree*
el **robo** *robbery*
el **roce** *brushing (of something against something else)*
el **rocín** *old horse, nag* **Rocinante** *Don Quixote's mare*
rodar *to roll*
rodear *to surround, to encircle*
el **rollo** *big hassle;* **el rollo repollo** *huge hassle*
los **románticos, las románticas** *romantics*
el **romerito** *rosemary (small size or amount)*
el **ropaje** *robes, heavy or sumptuous clothes, gowns*
el **rostro** *face*
rotundo(a) *emphatic*
rugir *to roar*
el **rumbo** *direction;* **rumbo a** *heading toward*
ruso(a) *Russian*

la **sábana** *(bed) sheet*
sacar *to get out of;* **¿qué conclusiones saqué?** *what conclusions did I draw?;* **sacar conclusiones** *to draw conclusions*
sacudir *to shake*
la **sala** *room*
la **salchicha** *sausage*

salir *to go out;* **había salido** *had gone out;* **me salió** *it came to me*

el **salón** *sitting room*

salpicado(a) *spattered, sprinkled*

el **salpicón** *ground beef*

saltón(-ona) *grasshopper-like*

saludable *healthy*

la **salvación** *salvation*

salvaje *wild, untamed*

salvar *to save*

salvo *except for*

sangrar *to bleed*

la **sangre** *blood*

sangriento(a) *bloody*

sano(a) *healthy*

el **sapolio** *scouring powder*

satisfacer *to satisfy*

satisfecho(a) *satisfied*

el **sauce** *willow*

el **sayo** *cloak, tunic;* **el sayo de velarte** *well-made woolen outfit*

seco(a) *dry;* **seco de carnes** *skinny*

secreto(a) *secret*

según *according to*

la **segunda guerra mundial** *Second World War*

seguramente *surely*

la **seguridad** *security, certainty*

selvático(a) *jungle*

la **sembradura** *sown land*

la **senda** *path*

el **sendero** *path*

la **senectud** *old age*

la **sentada: de una sola sentada** *in one sitting*

sentado(a) *seated*

sentar un pie en el vacío *to take a blind step*

sentarse *to sit*

el **sentido** *meaning;* **para que tenga sentido** *so it makes sense*

el **sentimiento** *feeling*

sentir *to feel;* **se sentía que** *it felt like;* **sentirse conmovido(a)** *to feel moved*

la **señal** *mark, signal*

señalar *to point out*

la **señora** *lady,* **la señora señorona** *high and mighty woman*

separado(a) *separate, apart, detached*

separarse *to separate oneself*

ser *to be;* **aunque seamos** *although we are;* **¿cómo serías?** *how would you be?;* **cuando sea adulta** *when she is an adult;* **ha sido** *it has been;* **hubiera sido** *it would have been;* **sean** *be;* **seré** *I will be;* **siendo así** *even though*

el **ser humano** *human being*

el **ser querido** *loved one*

la **serenidad** *calm, serenity*

sereno: al sereno *in the open air*

el **servicio** *service*

servir *to serve;* **de nada sirvió** *it was no use;* **se sirve de detalles** *he uses details;* **¿te ha servido de algo?** *has it been of any use to you?*

servirse *to help oneself*

el **seto** *hedge, bush*

el **seudónimo** *pen name*

la **sien** *temple, sideburn*

la **siesta** *midday rest*

el **significado** *meaning*

significar *to mean*

el **signo** *sign*

siguiente *following*

el **silencio** *silence*

silencioso(a) *quiet, silent*

el **sillón** *armchair, easy chair*

silvestre *wild*

el **símbolo** *symbol*

sin embargo *however, nonetheless*

el **sinnúmero** *countless number/amount*

sino *but rather, but*

el **sino** *fate, destiny*

la **sinrazón** *lack of reason*

la **síntesis poética** *poetic synthesis*

la **sirvienta** *servant*

soberano(a) *sovereign, excellent*

soberbio(a) *arrogant, haughty*

sobre *over, about*

sobrecogedor *overwhelming*

sobredicho *aforementioned*

sobrenatural *supernatural*

el **sobrenombre** *nickname*

sobresaltado *fearful, startled*

sobrevivir *to survive;* **sobrevivieran** *would survive*

la **sobrina** *niece*

el **socio** *partner, business associate*

sofocar *to stifle*

el **sol** *sun*

la **soledad** *solitude*

soler *to tend to (do something);* **suele estar** *tends to be;* **suele usarse** *tends to be used*

soltar *to come out with, to say something rudely or carelessly, to let go of, to release*

soltero(a) *single, unmarried*

la **sombra** *shadow*

el **sombrero** *hat*

sombrío(a) *dark*

someter *to submit, to subject*

sonar *to sound;* **suena** *sounds*

el **sonido** *sound*

sonreír *to smile;* **sonrió** *smiled*

sonriente *smiling*

la **sonrisa** *smile*

soñado(a) *dreamt, dreamed*

soñar *to dream;* **sueña** *he/she dreams*

el **soplo divino** *divine inspiration*

sórdido(a) *sordid*

el **sordo** *deaf person*

sordo(a) *deaf*

sorprender *to surprise*

sorprendido(a) *surprised*

sostener *to support, to sustain, to hold;* **sostiene** *he/she/it holds;* **sostiene la vida** *sustains life;* **sostuve** *I held*

el **sótano** *basement*

suavizado(a) *softened;* **suavizadísimo** *very softened*

subjetivo(a) *subjective*

subrayado(a) *underlined*

subsistir *to remain*

la **substancia** *substance*

suceder *to happen*

el **suceso de actualidad** *current event*

sucio(a) *dirty, cluttered*

el **sudor** *sweat*

la **suegra** *mother-in-law*

el **suegro** *father-in-law*

el **suelo** *ground, floor*

suelto(a) *loose*

la **suerte** *(good) luck;* **de suerte que** *so that*

el **sufijo** *suffix*

el **sufrimiento** *(act of) suffering*

sugerir *to suggest;* **que sugieren** *that suggest*

sujetar *to hold*

sumiso(a) *submissive*

supe (inf. **saber**) *I found out;* **no supe** *I didn't know*

la **superficie** *surface*

superior *upper*

supieron (inf. **saber**) *they found out*

supiste (inf. **saber**) *you found out*

el **surco** *furrow, wrinkle, rut*

surgir *to spring up, to appear, to emerge*

el **surucuá** *bird with long white tail*

suspender *to stop*

el **sustantivo** *noun*

sutil *subtle*

suyo(a) *his/hers/yours*

la **tabla** *board*

la **tachadura** *crossed-out word, correction*

taíno(a) *Taino, referring to an indigenous people of Puerto Rico and the Caribbean*

tal *such;* **era tal** *it was such;* **tal cual** *an occasional one or two; just as*

tallar *to carve, to scrub*

el **tamaño** *size*

el **tantito** *a little bit*

tanto *so much;* **¿tanto?** *that much?*

taparse *to cover (a part of) oneself*

la **tarea** *work*

la **tatarabuela** *great-great-grandmother*

el **tatarabuelo** *great-great-grandfather*

el **té** *tea party; tea*

la **tea** *torch*

la **técnica** *technique*

tejer *to knit*

tejido(a) a gancho *crocheted*

la **telaraña** *web*

la **telecomedia** *sitcom*

la **telera** *oval-shaped bread*

el **tema** *topic, subject, theme*

temblar *to shake, to tremble*

tembloroso(a) *shaky, trembling*

la **tempestad** *storm*

templado(a) *moderate, steady*

la **tenacidad** *tenacity, perseverance*

tender *to spread, to lay down*

tener *to have;* **he tenido** *I have had;* **no tiene sino trece años** *he's not but 13;* **si tuvieras** *if you had;* **tendrías** *would you have;* **no tener nada que ver** *to have nothing to do with*

tener en cuenta *to take into account*

tener gracia *to have a certain charm*

tener palabra *to stand by one's word*

tenso(a) *tense*

teñido(a) *dyed*

teorizar *to theorize*

el **terciopelo** *velvet*

tergiversar *to twist*

el **término** *end;* **en primer término** *in the first place*

el **terreno** *terrain*

el **territorio** *territory*

el **testigo, la testigo** *witness*

la **tez** *complexion*

los **tiempos** *verb tenses*

la **tienducha** *small shop*
tierno(a) *tender;* **tierna infancia** *tender childhood*
la **tierra** *land*
la **Tierra** *Earth*
timar *to cheat, to swindle*
la **tinta** *ink*
el **tío** *guy, fellow*
tirado(a) *flung*
tirar encima *to dump on*
el **tiro** *shot*
el **tirón** *tug;* **de un tirón** *all at once*
titulado(a) *entitled*
el **titular** *headline*
titular *to entitle*
el **título** *title*
tiznado(a) *blackened*
Tláloc *Aztec (Mexican) god of rain and fertility*
tomado(a) *taken*
tomar *to take;* **que tomara** *that I take;* **tomar en cuenta** *to take into account;* **tomar en sus brazos** *to hold*
la **tonelada** *ton*
tonto(a) *dumb, silly*
topar con *to run into, to come upon*
torcido(a) *twisted*
la **tormenta** *storm, misfortune*
el **tormento** *anguish*
tornar *to turn*
torno: en torno a *about, around, with regard to*
torpe *clumsy*
torpemente *clumsily*
torrencial *torrential;* **aguaceros torrenciales** *torrential rains*
la **torta** *sandwich*
trabajador(-ora) *hard-working*
el **trabajo manual** *manual labor*

trabajosamente *laboriously*
el **traductor, la traductora** *translator*
el **traidor** *traitor*
el **trajín** *commotion*
la **trama** *plot*
la **trampa** *trap;* **caer en la trampa** *to fall into the trap/habit*
la **tranquilidad** *tranquility*
transcurrir *to pass* (time)
transformar *to transform*
transmitir *to communicate*
la **transposición** *concealing*
el **tranvía** *trolley*
el **trapo** *rag, cloth*
tras *after, behind, in pursuit of*
trascender *to go beyond, to transcend*
trasladarse *to move*
el **traslado** *move*
tratar de *to deal with, to try, to treat;* **me trató de loco** *she treated me like a crazy person;* **tratar de tú** *to address informally*
tratar con *to deal with*
el **trébol** *clover*
tremendo(a) *great, terrible, a handful* (a child)
triunfal *triumphant*
el **trofeo** *trophy*
el **tronco** *trunk*
el **trópico** *tropics*
el **tropiezo** *setback, obstacle*
el **trozo** *selection, piece, chunk, excerpt*
la **tubería** *pipe, plumbing*
el **tubo** *pipe*
el **tucán** *toucan*
la **tumba** *tomb*
turbio(a) *confused;* **de turbio en turbio** *muddled and confused*
turnarse *to take turns*

tuvieras (inf. **tener**) *had*
tuyo(a) *yours*

una de dos *one or the other*
una que otra *an occasional*
el **único, la única** *only one*
único(a) *unique, only;* **la única salida** *the only way out*
unido(a) *unified*
unir *to unify, to unite*
untar *to spread, to apply*
la **uña** *fingernail, toenail;* **la uña del pie** *toenail*
la **urgencia** *urgency*
usar *to use;* **usarían** *they would use*
el **uso** *use*
el **utensilio** *tool*
útil *useful*
la **utilidad** *usefulness*
utilizar *to use;* **utilizar con provecho** *to get the benefit of*

la **vaca** *cow*
el **vacío** *empty space, hole, emptiness, void*
vacío(a) *empty*
el **vaivén** *ebb and flow*
la **valentía** *bravery*
valer *to be worth;* **más vale** *it is better*
valerse de *to make use of, to count on*
la **validez** *validity*
válido(a) *valid*
valioso(a) *valuable*
el **valor** *bravery*

vano: en vano *in vain*

el **vecindario** *neighborhood*

el **vecino, la vecina** *neighbor*

la **vejez** *old age*

velar *to look after, to care for*

el **vello** *fuzz, hair* (on the body)

el **vellorí** *fine brown wool*

vencer *to defeat*

el **vendedor, la vendedora** *salesperson*

vender *to sell*

la **venida** *arrival;* **al día siguiente de su venida** *day after arriving*

la **venta** *sale;* **de mayor venta** *best-selling*

el **ventanal** *large window*

ver *to see;* **está por ver** *we shall see;* **está visto** *it can be seen;* **para que lo vean** *so they see it*

la **vera** *edge*

verdadero(a) *true, real*

la **vergüenza** *shame*

verificar *to verify, to check*

verosímil *probable, likely*

la **verosimilitud** *credibility*

el **verso** *verse, poetry*

el **verso libre** *free verse* (doesn't rhyme)

los **vestigios** *remains*

el **veterano** *veteran*

vibrar *to vibrate*

la **vicisitud** *problem, mishap*

la **vid** *vine*

la **vida cotidiana** *daily life*

vida mía *my love*

vidrioso(a) *glassy*

el **viejo** *old man*

el **viento** *wind;* **vientos del polo** *polar winds*

el **vientre** *belly, abdomen*

viril *virile, strong, forceful*

el **vino** *wine*

la **virtud** *virtue*

la **visita** *visit*

la **vista** *eyesight;* **hasta donde la vista alcanza** *as far as one can see;* **la vista débil** *poor eyesight;* **la vista enferma** *poor eyesight*

visto (inf. **ver**) *seen*

visualizar *to visualize*

la **vitalidad** *vitality*

la **viuda** *widow*

viudo(a) *widowed*

vivir *to live*

vivo(a) *lively, alive, vivid;* **hacerse viva y presente** *to make itself come alive and evident*

la **vocación** *vocation*

volar *to fly;* **se te hubieran volado** *would have flown from you*

voltear *to turn*

voluminoso(a) *large*

volver *to go back, to revert;* **volví a sentirme mal** *I began to feel ill again*

volverse *to turn around*

votar *to vote*

la **voz** *voice;* **en voz alta** *out loud;* **en voz baja** *in a low voice, quietly;* **la voz se corrió** *the word spread*

la **vuelta** *turn;* **darse la vuelta** *to turn over*

vuelto: (inf. **volver**) **se ha vuelto** *has become*

vuelve (inf. **volver**) *he/she/it goes back;* **vuelve a escribir** *rewrite*

el **wáter** *water closet, toilet*

ya sea *either*

yacer *to lie* (position)

el **yacútoro** *species of bird*

el **yeso** *plaster*

el **zacate** *scouring pad*

la **zaga** *rear;* **no le iba en zaga** *was not left behind*

la **zozobra** *anxiety*

el **zumbido** *buzzing*

Respuestas

Capítulo 1

Antes de leer: **Actividad**

Reactions and their classifications will vary.

Mientras lees: **El nacimiento**

A. En otoño

B. El lugar dentro de la mamá donde está el bebé antes de nacer

C. Con la lotería; La lotería termina cuando la bola cae al cesto, y la vida empieza en ese momento.

D. Acaba de nacer la narradora.

E. El doctor

F. La limpia y le mete el dedo en la boca.

G. Quiere saber si la niña está sana y si le falta algo.

H. Es la enfermera.

I. Es la abuela de la niña. La abraza.

J. La quiere mucho.

K. A Enrique, el papá de la niña

L. Porque tiene cabellos canos

M. Que es torpe y que se preocupa mucho

N. A los brazos de su madre; La llevan a una sala espaciosa llena de cunas.

O. Se da la vuelta porque la pusieron boca abajo y no le gusta.

P. Pega un grito porque cree que es algo extraordinario.

Q. Ve a sus hermanos.

R. Con su hermana Natacha; Natacha dice que es la mayor y es la más importante; la niña contesta que eso no se sabe todavía.

S. Con mucho cariño y con sonrisas

T. Que le gusta su familia, que hay un buen balance, que no es su culpa haber nacido; Puede confiar en todos, con la posible excepción de Natacha.

Después de leer: **Actividades**

❶ 1. a
   2. b

3. a
4. b
5. c
6. a

❷ *Reactions will vary.*

❸ 1. Cierto
   2. Cierto
   3. Falso; La niña piensa que su mamá se ve muy pálida.
   4. Cierto
   5. Falso; A la niña no le gusta estar boca abajo como sus compañeros.
   6. Falso; Cuando la niña ve las tres caras pegadas al cristal de la *nursery,* sabe que son sus hermanos.

❹ *Predictions will vary.*

❺ *Conversations will vary.*

Un poco más

❶ *Stories will vary.*

Capítulo 2

Antes de leer: **Actividad**

1. a.
2. c.
3. b.
4. a.

Mientras lees: **Los juegos de Lilus**

A. Su mamá

B. Porque está absorta operando a una mosca

C. Juega afuera, en la esquina de la calle. No juega en su cuarto porque está muy ordenado y eso no le gusta.

D. Cree en las brujas. Mete en una bolsita varias cosas y se la pone; tambien guarda algunas cosas dentro de una cajita.

E. No se aburre porque hay mucho que le interesa, puede usar la imaginación y le gusta jugar afuera.

F. Observa las acciones de los pájaros en un nido.

G. A las moscas las opera del apéndice. A las hormigas les da jarabe para la tos y les enyesa las piernas fracturadas.

H. Sufre de dolores abdominales espantosos. Le pone una inyección de café negro.

I. Un limón, una naranja, una manzana, una toronja y un plátano; Miss Lemon, señora Naranja, Eva La Manzana, la viuda Toronja, don Plátano

J. Don Plátano

K. Porque se cae con frecuencia y eso puede hacer daño a las muñecas

Después de leer: **Actividades**

❶ *Deductions and examples from text will vary.*

❷ 1. Veía pasar a la gente y los coches.
2. Creía en las brujas.
3. Jugaba en el rancho de su tío.
4. Operaba a las moscas del apéndice.
5. Miraba a los pajaritos en su nido.
6. Les enyesaba las piernas fracturadas a las hormigas.
7. Envolvía a Miss Lemon en un pañuelo.
8. Tenía amigos imaginarios.
9. Les daba jarabe para la tos a las hormigas.
10. Atendía a los insectos y las frutas del rancho.

❸ *Advice will vary.*

❹ *Descriptions will vary.*

Un poco más

❶ *Descriptions and drawings will vary.*

❷ *Presentations will vary.*

❸ 1. D   4. J   7. I   10. I, B
2. H   5. I, E   8. F, J   11. K, L
3. I, G   6. C   9. I, A

Capítulo 3

Antes de leer:

Answers and reactions will vary.

Mientras lees: **El último mono**

A. Manolito García Moreno; No, no lo conocen así.

B. Orejones López; Porque tiene las orejas muy grandes

C. En Carabanchel

D. Porque así se llama su padre y el padre de su padre, y así por generaciones

E. El último mono; No, le fastidia.

F. Sí le gusta porque la gente que es algo importante tiene mote, y con el mote de Gafotas no lo pueden insultar por usar gafas.

G. Es el hermanito de Manolito. Se lo puso el primer día que nació.

H. Trató de abrirle los ojos.

I. Se puso a llorar. Pensó que el bebé era un imbécil.

J. El Nuevo Joselito

K. La *Campanera;* Porque es una canción de cuando no había wáter en la casa y la televisión era muda.

L. Acabó en la cárcel.

M. No; Te señalan a la cárcel.

N. Gafotas; El último mono

Después de leer: **Actividades**

❶ *Reactions will vary.*

❷ *Answers will vary.*

❸ 1. Manolito usará lentes de contacto.
2. Orejones y Manolito irán a la universidad juntos.
3. Manolito cambiará su mote.
4. La mamá de Manolito dejará de llamarlo El último mono.
5. El abuelo de Manolito cantará la canción *Campanera* hasta que muera.
6. Manolito y su mamá hablarán por teléfono frecuentemente.
7. Manolito escribirá comedias para el cine español.

❹ *Conversations will vary.*

❺ *Scripts or commercials will vary.*

❻ *Essays will vary.*

Un poco más

❶ *Descriptions and nicknames will vary.*

❷ *Essays will vary.*

Capítulo 4

Antes de leer: **Actividad**

Answers will vary.

Mientras lees: **Tiempo libre**

A. Compra el periódico, lo lee y se mancha los dedos con tinta.

B. No le importa ensuciarse los dedos. Le importa más estar al día en las noticias.

C. No se sintió bien. Pensó que era un mareo normal.

D. Se sentó en su sillón favorito para leer el periódico. Su esposa no estaba.

E. Que un jet se había desplomado; Tenía los dedos más tiznados que de costumbre.

F. Estaban cubiertos de una mancha negra. Volvió al baño donde trató de quitar la mancha con piedra pómez y blanqueador.

G. Creció y le invadió hasta los codos.

H. Llamó al doctor. Le dijo que durmiera o que tomara unas vacaciones.

I. Las hormigas

J. Llamó a las oficinas del periódico. Una mujer lo trató como si fuera loco.

K. Las letritas le habían llegado hasta la cintura. Corrió hacia la puerta de entrada.

L. Está tirado boca arriba en el piso cerca de la puerta de entrada. Tiene letras y hasta fotos.

M. Su esposa

N. En periódico

Después de leer: **Actividades**

❶ *Words and examples will vary.*

❷ *Titles will vary.*

❸ _1_ Se le mancharon las manos.

  _2_ Se le creció la mancha.

  _3_ Se le fueron las ganas de leer el periódico.

  _4_ Se le metieron las ansias.

  _5_ Se le subieron las letrashormiga hasta la cintura.

  _6_ Se le debilitaron las piernas.

❹ *Drawings or instructions will vary.*

❺ *Headlines will vary.*

❻ *Answers will vary.*

Un poco más

❶ *Stories will vary.*

Capítulo 5

Antes de leer: **Actividad**

1. a

2. c

3. b

4. a

5. a

6. c

Mientras lees: **Continuidad de los parques**

A. Hace unos días; Porque tenía negocios urgentes

B. Volvió a abrir y a leer la novela.

C. En la tranquilidad de su estudio en su sillón favorito

D. Porque no quería interrupciones

E. De los protagonistas

F. Es cómodo, de respaldo alto, y de terciopelo verde.

G. En una cabaña del monte; Una mujer y un hombre que son amantes

H. El amante; Porque una rama de un árbol lo lastimó

I. Ella trata de parar la sangre con sus besos. Él rechaza sus caricias.

J. Sí, hacen planes meticulosos. Ensayan dos veces y tratan de pensar de todo, incluso coartadas, casualidades y posibles errores.

K. La caricia interrumpe por un momento el doble repaso de los planes.

L. Se van al anochecer.

M. Ella va al norte. Él va en la dirección opuesta, al sur.

N. Vio a la mujer corriendo, con el pelo suelto.

O. Porque se lo dijo la mujer

P. Un puñal

Q. El señor del principio del cuento que está leyendo una novela.

Después de leer: **Actividades**

❶ 1. a

2. b

3. b

4. b

❷ 1. Falso; La novela que lee el hombre es una novela de amor.

2. Falso; La novela le interesa mucho al hombre.

3. Cierto

4. Cierto

5. Falso; Los amantes repasan las tareas que se han dado minuciosamente.

6. Falso; El amante va a matar al hombre con un puñal.

7. Falso; La mujer le describe el plan de la casa al amante.

8. Cierto

❸ *Paragraphs will vary*

❹ *Answers will vary.*

Un poco más

❶ *Project proposals will vary.*

(Capítulo 6)

Antes de leer: **Actividad**

A. *Answers will vary.*

B. *Answers will vary.*

Mientras lees: **Chac Mool**

A. Hablan de temas relacionados con el arte indígena mexicano. Se conocen desde jóvenes.

B. Busca una réplica del Chac Mool. Va a comprar una en la Lagunilla.

C. Pintó de rojo el agua del garrofón en la oficina. Se lo reportó al director. El director sólo se rió. El bromista se burló de Filiberto.

D. Es de piedra corriente, de tamaño natural, bonita y sólida. No cree que sea auténtica. Tiene salsa de tomate en la barriga para dar la impresión de sangre.

E. Porque tiene que pagarle a algunas personas por trasladar la escultura pesada a su casa

F. En el sótano; Lo va a poner en el cuarto de trofeos porque hay más luz allí y la figura necesita sol.

G. Se descompone. Porque dejó correr el agua de la cocina

H. La humedad les hace daño a las maletas de Filiberto, y Chac Mool tiene lama en su base.

I. Oye quejidos, ruidos, lamentos. Cree que pueden ser ladrones.

J. Está nervioso por los ruidos y porque llueve mucho y el sótano se llena de agua.

K. El Departamento del Distrito Federal

L. Está cubierto de lama y ahora tiene un aspecto grotesco.

M. Le raspa la lama. Luego le pone unos trapos.

N. Tiene una textura blanda como una pasta. Cree que es de yeso.

O. Mañana, porque la humedad del sótano lo va a arruinar

P. Los trapos antes cubrían al Chac Mool. Se ha endurecido pero el torso tiene textura de carne o de goma.

Q. Cree que el Chac Mool se está transformando.

R. Le va mal. Cree que debe ver a un médico y deshacerse del Chac Mool.

S. Su letra cambia. A veces escribe como un niño y a veces como si estuviera tan nervioso que su letra es inteligible.

T. Cuestiona la realidad. Usa las metáforas de un animal quebrado y del océano que puede estar libre o aprisionado en un caracol.

U. La compara con la tierra que tiembla y luego con la muerte.

V. Cambió de color, se volvió más laxo y su expresión se hizo más benévola.

W. Answers will vary. Possible answer: Creo que ya no está en el sótano.

x. Cree que lo que experimenta es parte de un sueño. No duerme bien.

y. Son dos orificios de luz parpadeante y dos flámulas crueles y amarillas.

z. Está erguido, parece sonreír, y su casquetón brilla con vida.

AA. Empieza a llover.

BB. Lo acusan de locura y aun de robo.

CC. No sabía qué pensar; creía que tal vez era un caso de depresión. Pensaba que tal vez las lluvias del verano le habían enervado.

DD. No; Cuenta historias fantásticas; tienen que ver con el agua.

EE. Porque su espíritu pertenece a los elementos naturales

FF. Primero en el sótano; luego, en la cama de Filiberto

GG. Es posible que esté enojado con Filiberto o quizás necesite el agua. Le dice que lo va a devolver a la Lagunilla.

HH. No; Se ríe y le da una bofetada a Filiberto.

II. Quiere cubrir el musgo verde. También puede ser símbolo de que domina a Filiberto y controla lo que pasa en la casa.

JJ. Decide huir. Va a Acapulco a la Pensión Müller.

KK. Porque murió

LL. Prefiere no creerlo. Lo explica como el resultado del exceso de trabajo o de algún motivo sicológico.

MM. Porque allí va a guardar el férretro mientras ordena el entierro

NN. Un indio; Su aspecto es repulsivo: tiene la piel amarilla y con arrugas y viste una bata de casa con bufanda; tiene la cara polveada, los labios embarrados de lápiz labial y el pelo teñido.

OO. Al sótano; Es irónico si el indio es Chac Mool porque ahora él controla lo que pasa en la casa y pide que lleven el cuerpo de Filiberto al sótano, igual cómo lo hizo Filiberto con la escultura de Chac Mool.

Después de leer: **Actividades**

❶ *Answers will vary.*

❷ *Suggestions will vary.*

❸ *Descriptions will vary.*

❹ *Descriptions will vary.*

❺ *Paragraphs will vary.*

❻ *Answers will vary.*

Un poco más: **Actividades**

❶ *Reports will vary.*

❷ *Stories will vary.*

Capítulo 7

Antes de leer: **Actividad**

Drawings will vary.

Words associated with drawings will vary. Examples:

La mariposa: frágil, bonita, puede volar
El pan: sostiene la vida, comida cotidiana
El anillo: simple, elegante
La noche: oscura, callada, llena de estrellas
La estrella: bella luz, bonita
La madera: fuerte, duradera
El hambre: falta de nutrición, sentirse vacío(a)
El puma: animal feroz, fuerte

Mientras lees: **A Matilde Urrutia**

A. Sí; cuando le dio los sonetos a su esposa

B. Madera; Plata, cristal, cañonazos

C. Madera

D. Hacha, cuchillo, cortaplumas

E. A pequeñas casas

F. Catorce versos; Catorce tablas; Concluyo que las tablas se refieren a los versos y las casas a los sonetos y que todos los sonetos van a tener catorce versos.

Mientras lees: **Soneto XI**

A. No; Siente hambre.

B. No; Porque necesita nutrirse de la presencia de su amada

C. Lo vuelve loco el alba. En el día quiere oir los pasos de su amada.

D. La risa, las manos, las uñas, la piel de la amada

E. La cara

F. A un puma

Mientras lees: **Poema 15**

A. Cuando está callada

B. Porque está como ausente

C. Los ojos le parecen distantes; la boca está abierta.

D. A su alma y a la palabra melancolía; Mariposa de sueño

E. Son del sueño y están en arrullo; no se mueven rápidamente.

F. Una lámpara, un anillo, la noche; Clara, simple, callada

G. Porque es callada, llena de estrellas, y lejana; No

H. A la muerte. Su silencio es como si hubiera muerto y eso le es doloroso.

I. La amada. Le alegra mucho porque significa que ella no está ausente ni tan distante.

Después de leer: **Actividades**

1 *Paragraphs will vary.*

2 *Descriptions will vary.*

3 *Introductions will vary.*

4 *Descriptions will vary.*

5 *Chart content will vary.*

6 *Interpretations will vary.*

7 *Answers will vary.*

Un poco más: **Actividad**

1 *Expressions will vary.*

Capítulo 8

Antes de leer: **Actividades**

A. *Quotations will vary.*

B. *Answers will vary.*

Mientras Lees: **Enero: tortas de navidad**

A. Mamá Elena y sus hijas Gertrudis, Rosaura y Tita, y Nacha la cocinera y Chencha la sirvienta; Están preparando chorizo. Están pelando ajos, limpiando chiles y moliendo especias.

B. Mamá Elena

C. Reparten el resto de las labores y luego se van a sus cuartos a leer, rezar y dormir.

D. Que Pedro Muzquiz quiere venir a hablar con ella

E. Le lanza una mirada y le dice que Pedro y su padre no deben venir si es para pedir su mano porque Tita no se puede casar.

F. A la tradición que dice que la más chica de las mujeres no se puede casar porque tiene que cuidar a su madre hasta la muerte

G. No; Quería saber más sobre la tradición: quién comenzó la tradición; quién la va a cuidar a ella si no puede tener hijos; por qué tiene que ser la menor que vele por su madre; si podrá conocer el amor.

H. No; porque su mamá espera que las hijas obedezcan sin hacerle preguntas

I. Sí; Una semana

J. Pedro Muzquiz y su padre; Para pedir la mano de Tita en matrimonio

K. Se comporta muy amable. Les explica por qué Tita no puede casarse.

L. La mano de Rosaura

M. Chencha; Preparaban tortas de navidad.

N. Son para celebrar el cumpleaños de Tita. Tiene quince años; va a cumplir dieciséis.

O. No; Le pidió la mano de Tita.

P. No; Cree que Chencha es mentirosa y exagerada.

Q. Sintió invadir un frío profundo.

R. No; todavía sintió un profundo frío.

S. Camina lentamente para poder escuchar.

T. Porque los dos quedaron en ridículo cuando Pedro aceptó la boda con Rosaura después de pedir la mano de Tita

U. Dice que sólo va a poder estar cerca de Tita si se casa con Rosaura.

V. No modificó su actitud de frío respeto.

w. Se acuerda del día en que conoció a Pedro. Era la noche de navidad un año antes.

x. Al principio, no; pero al insistir Pedro, sí lo admite.

y. Piensa que no es decente querer al esposo de la hermana. Hace nueve meses

z. Una torta de navidad y un vaso de leche

AA. Siente un vacío adentro, mucho frío y náusea. Se pone tres cobijas, ropa de lana y zapatos de estambre para quitar el frío.

BB. Una colcha que había comenzado a tejer el día en que Pedro le confesó su amor

CC. Pensaba terminarla en diciembre antes de casarse con Pedro.

DD. La teje hasta la madrugada.

EE. Está rabiosa y triste. Ella llora y teje mucho.

FF. Sí, la terminó. No le ayudó a controlar el frío.

Después de leer: **Actividades**

❶ *Answers will vary.*

❷ 1. Pedro le confiesa su amor a Tita.
 2. Tita y Pedro deciden esperar un año antes de casarse.
 3. Pedro le pide la mano de Tita a Mamá Elena.
 4. Mamá Elena le concede la mano de Rosaura a Pedro.
 5. Tita se da cuenta que Pedro ha aceptado casarse con su hermana.
 6. Tita siente un profundo frío que sentirá por muchos años.
 7. Pedro le explica a su papá que aunque se va a casar con Rosaura, es sólo porque ama a Tita y quiere estar cerca de ella.
 8. Tita se pone a llorar y a tejer la colcha.

❸ *Sentences will vary.*

❹ *Statements will vary.*

❺ *Descriptions will vary.*

❻ *Paragraphs will vary.*

Un poco más: **Actividad**

❶ *Presentations and/or writings will vary.*

Capítulo 9

Antes de leer: **Actividad**

A. *Answers will vary.*

Mientras lees: **El hijo**

A. Hace mucho calor y sol.

B. A la hora del almuerzo

C. Desde su infancia

D. Trece años; Porque es alto; Porque tiene los ojos inocentes

E. Va a cazar en el monte. Pájaros (palomas, tucanes, garzas)

F. Sí; Él también quería una escopeta.

G. Animales y plantas peligrosas; el hijo se puede perder; Llevaba al hijo con él cuando iba a la selva; le enseñó a manejar un fusil.

H. No; Tiene la vista y el estómago débil, y también sufre de alucinaciones.

I. Alucinaciones en las cuales su hijo muere.

J. Oye una detonación. Cree que su hijo ha matado dos palomas.

K. Son las doce. Sí

L. Sigue trabajando en su taller.

M. Son las doce y media.

N. No ha vuelto su hijo y no ha oído más detonaciones de la selva.

O. A su hijo; Porque tiene prisa; Para protegerse del sol y para cortar las plantas del monte

P. A su hijo muerto; Es una mala premonición.

Q. Porque puede caerse y matarse con la escopeta.

R. No; Es posible.

S. A su hijo muerto; No tiene las fuerzas para ver el cadáver de su hijo. Es posible.

T. A su hijo; De un pique lateral; Answers will vary. Possible answer: No sé—¿era el otro el amigo Juan?

U. Son las tres. A las doce y media

V. De la caza y la razón que ha tardado tanto; Está feliz.

W. A las diez de la mañana; De un tiro; Sí

Después de leer: **Actividades**

❶ 1. d
   2. c
   3. a
   4. e
   5. b

❷ *Answers will vary.*

❸ *Answers will vary.*

❹ *Reactions will vary.*

❺ *Stories will vary.*

Un poco más

❶ *Dramatizations will vary.*

(Capítulo 10)

Antes de leer: **Actividad**

Answers will vary. Possible answers:

A. **I. PERSONA**
   falta de vida
   mentira social
   hipocresía
   dependencia
   apariencia
   egoísmo

II. POETISA
   virtud
   fuerza
   vitalidad
   humana verdad
   libertad
   autonomía
   introspección

Mientras lees: **A Julia de Burgos**

A. Julia de Burgos, la poetisa; A sí misma, a Julia de Burgos, la persona

B. Que Julia de Burgos, la poetisa, es enemiga de Julia de Burgos, la persona; No

C. La poetisa es la esencia, es viril destello, el corazón desnudo, la fuerza de la mujer que vive. La persona es ropaje, es fría muñeca, es egoísta, no vive; sólo cumple con cortesanas hipocresías y con mentiras sociales.

D. Su marido, su amo; No, nadie la posee porque ella se da a todos.

E. Que la persona que se pinta y se riza el pelo no es natural, y la que se deja pintar por el sol y el viento sí lo es

F. Que la dama está atrapada en su mundo y el caballo está libre para descubrir su mundo.

G. A su corazón, a su pensamiento: su «yo»

H. *Answers will vary. Possible answers:*

flor de aristocracia: ropaje, dama, banquete, champán, auto, alhajas, fría muñeca

flor del pueblo: viento, sol, mujer fuerte, ropa sencilla, las multitudes

I. *Answers will vary. Possible answers:*

La mantiene clavada; tiene que prestar atención a las normas sociales. Porque es una persona completa e independiente que puede decidir por sí misma cómo vivir

J. Porque cree que es una persona falsa e hipócrita

Después de leer: **Actividades**

❶ *Answers will vary.*

❷ *Lists and stanzas will vary.*

❸ *Images will vary.*

❹ *Images will vary.*

❺ *Essays will vary.*

Un pocó mas

❶ *Essays will vary.*

❷ *Charts and poems will vary.*

(Capítulo 11)

Antes de leer: **Actividad**

❶ 1. a
   2. b
   3. b
   4. a

Mientras lees: **Don Quijote de la Mancha**

A. En un lugar de la Mancha

B. Un hidalgo; Un caballo y un perro

C. En la comida de todos los días; En la ropa y los zapatos

D. Una ama de casa, una sobrina y un mozo. La ama de casa tiene más de 40 años; la sobrina tiene menos de 20 años; no menciona la edad del mozo.

E. Se aproxima a los 50 años. Es de complexión recia, seco de carnes y enjuto de rostro.

F. Quijada, Quesada, Quijana.

G. Sí; Lee libros de caballerías.

H. Cazar y administrar su hacienda

I. Vende parte de las tierras de su hacienda.

J. Feliciano de Silva

K. Sí; Repiten las mismas palabras (razón, sinrazón, con razón; y divinidad, divinamente, merecedora, merecimiento, merece); No

L. Trataba de entenderlas, de sacarles el sentido.

M. En libros de caballerías (en una novela de De Silva); Que las heridas de Don Belianís no dejen cicatrices y señales en todo el cuerpo y la cara.

N. Quiere terminarla. Porque otros pensamientos lo estorban

O. Con el cura y con Nicolás, el barbero

P. Porque lee toda la noche; Lo que lee en los libros: encantamientos, batallas, desafíos, heridas, requiebros, amores, tormentas…

Q. No; Las historias de caballerías

R. Son protagonistas de los libros de caballerías que lee el hidalgo.

S. Daría a su sobrina y al ama que tenía.

T. Quería hacerse caballero andante. Para hacerse famoso y para servir a su república

U. Se iban por todo el mundo con sus armas y sus caballos a buscar las aventuras y deshacer todo género de agravio.

V. Extraño (pensamiento), el pobre (hidalgo), agradables (pensamientos), extraño (gusto)

Después de leer: **Actividades**

❶ *Answers will vary.*

❷ 1. Cierto
  2. Falso; El narrador no identifica la ciudad en la que vive don Quijote.
  3. Falso; A don Quijote le gusta leer libros de caballerías.
  4. Cierto
  5. Falso; Feliciano de Silva es el autor favorito de don Quijote.
  6. Falso; Don Quijote se desvelaba por entender algo de lo que leía.
  7. Cierto

❸ *Answers will vary.*

❹ *Rewritten texts will vary.*

❺ *Answers or essays will vary.*

Un poco más

❶ *Stories or comic strips will vary.*

❷ *Book cover illustrations will vary.*

❸ *Narratives will vary.*

Capítulo 12

Antes de leer: **Actividades**

A. *Answers will vary.*

B. *Generalizations will vary.*

Mientras lees: **El oficio**

A. No; Se dio cuenta que le gustaba escribir.

B. Era un acto alborozado; podía escribir mucho de una sola sentada.

C. Porque el sentido de la responsabilidad lo estorba; apenas puede escribir un párrafo en un día.

D. No; Sus libros se venden como salchichas y él se ha convertido en un espectáculo público.

E. Sí; Interrumpe su trabajo sólo cuando sabe cómo va a continuar al día siguiente.

F. De una imagen visual; De una idea, un concepto

G. Una mujer y una niña vestidas de negro, un viejo que lleva a su nieto a un entierro; En algo que vio

H. De cuando su abuelo lo llevó al circo a conocer un dromedario y de cuando lo llevó a una compañía bananera a conocer el hielo

I. Más de lo que lleva en escribir el resto del libro

J. A un laboratorio; Los elementos del estilo, de la estructura, de la longitud

K. 15 o 17 años; Menos de dos años

L. Porque termina pensando en las notas, no en el libro

M. Sí; Cuando era joven escribía el primer borrador sin hacer correcciones durante la escritura. Sacaba copias, y luego hacía las revisiones. Ahora corrige línea por línea mientras escribe.

N. De contar las cosas como si fuera algo que acabara de ver; De su abuela

O. *La metamorfosis;* Diecisiete años; Se parecen en cómo contaban las cosas.

P. Corre el riesgo de decir mentiras, de afectar la verosimilitud de lo que escribe.

Q. La invención pura y simple; Porque no tiene ninguna base en la realidad; Walt Disney

R. A escribir sobre un tema que conoce demasiado por medio de una síntesis poética

S. *Answers will vary.*

T. A darle validez a sus historias por medio de precisiones como sábanas blancas y tazas de chocolate; Este tipo de detalles son los que incluyen los periodistas cuando escriben sobre algo que ellos o alguien más vieron.

U. Se sintió muy mal: se acostó y lloró por dos horas.

V. Se establece una tensión recíproca entre el escritor y el tema y se derrumban los obstáculos entre los dos.

W. Le ayuda a vencer el miedo a la realidad.

X. (1) la estructura: volver a escribir todo de nuevo; (2) la psicología del personaje central; (3) la verosimilitud del ambiente: viajar al lugar donde toma lugar el cuento

Y. Los lectores europeos; Vientos llevando por los aires un circo entero, un arroyo de agua hirviendo y aguas torrenciales provocadas por la voz humana

Z. Cada línea de lo que escribe

Después de leer: **Actividades**

❶ *Answers will vary.*

❷ **1.** c
   2. a
   3. c
   4. a
   5. b
   6. a
   7. a
   8. c

❸ *Answers will vary.*

❹ *Questions will vary.*

❺ *Essays will vary.*

Un poco más

❶ *Interviews will vary.*

Acknowledgments

For permission to reprint copyrighted material, grateful acknowledgment is made to the following sources:

Agencia Literaria Carmen Balcells: From "Chac Mool" from *Los días enmascarados* by Carlos Fuentes. Copyright © 1954 by Carlos Fuentes. "Continuidad de los parques" by Julio Cortázar from *Hispanoamérica Mágica y Misteriosa*, edited by Robert M. Gleaves. Published by Holt, Rinehart and Winston, Inc., 1973. From *El olor de la guayaba* by Gabriel García Márquez. Copyright © 1982 by Gabriel García Márquez. "A Matilde Urrutia" and "Soneto XI" from *Cien sonetos de amor* by Pablo Neruda. Copyright © 1959 by Pablo Neruda y Herederos de Pablo Neruda. "Poema 15" from *20 Poemas de amor y una canción desesperada* by Pablo Neruda. Copyright © 1984 by Pablo Neruda y Herederos de Pablo Neruda.

María Consuelo Sáez Burgos: "A Julia de Burgos" from *Julia de Burgos: amor y soledad* by Julia de Burgos. Published by Ediciones Torremozas, S.L., 1994.

Mercedes Casanovas Agencia Literaria: "Enero Tortas de Navidad" from *Como agua para chocolate: Novela de entregas mensuales, Con recetas, amores y remedios caseros* by Laura Esquivel. Copyright ©1989 by Laura Esquivel.

Grupo editorial Random House Mondadori: "Los juegos de Lilus" from *Lilus Kikus* by Elena Poniatowska. Copyright © 1979 by Elena Poniatowska.

Noguer y Caralt Editores: "El nacimiento" from *Veva* by Carmen Kurtz. Copyright © 1980 by Carmen Kurtz.

RDC Agencia Literaria S.L.: "El último mono" from *Manolito Gafotas* by Elvira Lindo. Copyright © 1994 by Elvira Lindo.

Guillermo Samperio: "Tiempo Libre" by Guillermo Samperio from *¡DIME!: Pasaporte al mundo 21.* Copyright © by Guillermo Samperio.

Photography Credits

Abbreviations used: (t) top, (b) bottom, (c) center, (l) left, (r) right.

Page vii (t), HRW Photo/Russell Dian; (bl), Courtesy María Consuelo Sáez Burgos; (br), Flash Press, courtesy Círculo de Lectores, S.A./Galaxia Gutenberg, S.A.; 2, Courtesy escritoras.com; 10, Tatiana Munoz/NewsCom; 18, Gorka Lejarcegi/© El País; 26, Javier Lira/NewsCom; 32, © Bettmann/CORBIS; 40, Bernard Gotfryd/Woodfin Camp & Associates, Inc.; 48, Corbis Images; 50, © J.Q. Jacobs; 51, Corbis Images; 54, White Pine Press; 62, Ballesteros/NewsCom; 74, Courtesy of the Consulate of Uruguay, N.Y.; 83, © 2003 Brian A. Vikander; 86, Courtesy María Consuelo Sáez Burgos; 88 (t), AP/Wide World Photos; (b), HRW Photo/Russell Dian; 91, Courtesy María Consuelo Sáez Burgos; 94, Editorial La Muralla, S.A.; 104, AP/Wide World Photos; 105, Björn Elgstrand, courtesy Círculo de Lectores, S.A./Galaxia Gutenberg, S.A.; 106, © CORBIS; 107, © Underwood & Underwood/CORBIS; 108, (cr) Courtesy Círculo de Lectores, S.A./Galaxia Gutenberg, S.A.; 108, (c) Jordi Socías, courtesy Círculo de Lectores, S.A./Galaxia Gutenberg, S.A.; 110, Flash Press, courtesy Círculo de Lectores, S.A./Galaxia Gutenberg, S.A.; 111, Rodrigo García Barcha, courtesy Círculo de Lectores, S.A./Galaxia Gutenberg, S.A.: 115, (Poniatowska) Tatiana Munoz/NewsCom; (Lindo) Gorka Lejarcegi/© El País; (Fuentes) Bernard Gotfryd/Woodfin Camp & Associates, Inc.; (Neruda) White Pine Press; Esquivel) Ballesteros/NewsCom; Quiroga) Courtesy of the Consulate of Uruguay, N.Y.

Illustration Credits

Abbreviated as follows: (t) top, (b) bottom, (l) left, (r) right, (c) center. All art, unless otherwise noted, by Holt, Rinehart & Winston.

Table of Contents: Page iv (tl), Edson Campos; iv (tr & bl), Scott Pollack; iv (br), Jeff Moores; v (tl & bl), Fian Arroyo; v (br), Charles Peale; v (tr), Edson Campos; vi (tl & bl), Lorne Carnes; vi (tr & br), Edson Campos; vii (tr), Edson Campos.

Chapter One: Page 1, Edson Campos; 3, Edson Campos; 4, Edson Campos; 5, Edson Campos; 7, Edson Campos; 8, Edson Campos. **Chapter Two:** Page 10, Scott Pollack; 11, Scott Pollack; 12, Scott Pollack; 14, Scott Pollack; 15, Scott Pollack. **Chapter Three:** Page 18, Jeff Moores; 19, Jeff Moores; 20, Jeff Moores; 22, Jeff Moores; 23, Jeff Moores. **Chapter Four:** Page 25, Fian Arroyo; 26, Fian Arroyo; 27, Fian Arroyo; 28, Fian Arroyo; 30, Edson Campos. **Chapter Five:** Page 32, Edson Campos; 33, Edson Campos; 34, Edson Campos; 35, Edson Campos; 37, Edson Campos; 38, Edson Campos. **Chapter Six:** Page 39, Charles Peale; 40, Charles Peale; 41, Charles Peale; 42, Charles Peale; 43, Charles Peale; 44, Charles Peale; 45, Charles Peale; 47, Charles Peale; 48, Charles Peale. **Chapter Seven:** Page 55, Lorne Carnes; 56, Lorne Carnes; 57, Lorne Carnes; 60, Lorne Carnes. **Chapter Eight:** Page 63, Edson Campos; 65, Edson Campos; 67, Edson Campos; 68, Edson Campos; 69, Edson Campos; 72, Edson Campos. **Chapter Nine:** Page 75, Edson Campos; 77, Edson Campos; 78, Edson Campos; 80, Edson Campos. **Chapter Eleven:** Page 94, Edson Campos; 95, Edson Campos; 96, Edson Campos; 97, Edson Campos; 98, Edson Campos; 101, Edson Campos; 102, Edson Campos. **Chapter Twelve:** Page 114, Fian Arroyo; 115 (cl), Charles Peale; (c), Lorne Carnes; (c), Edson Campos; (cr), Scott Pollack; (bl), Edson Campos; (br), Jeff Moores.